重新定义制造

从精益生产到世界级制造

祖林 怀海涛◎著

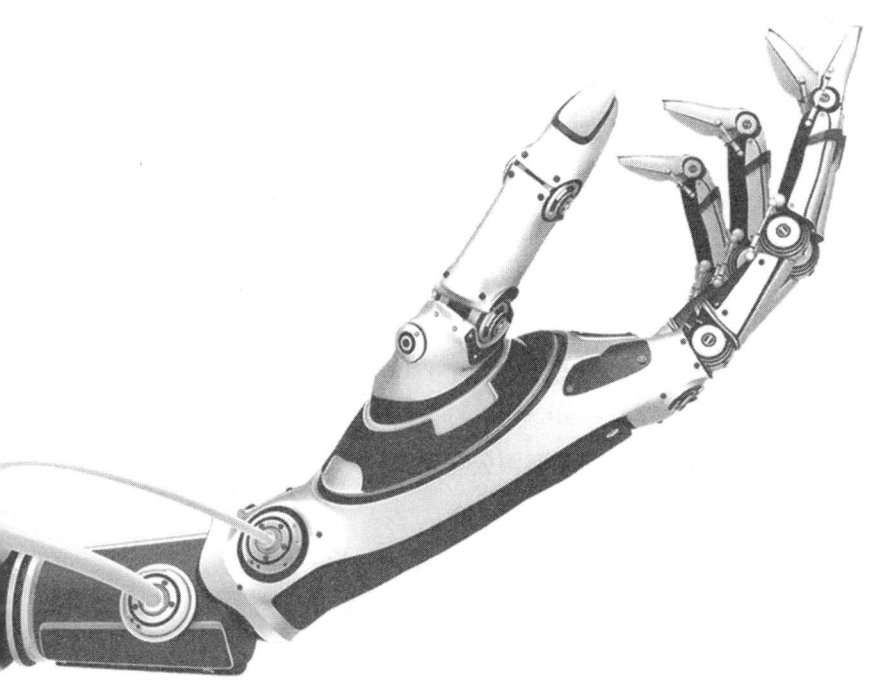

中国商业出版社

图书在版编目（CIP）数据

重新定义制造：从精益生产到世界级制造／祖林，怀海涛著 . -- 北京：中国商业出版社，2019.10

ISBN 978-7-5208-0913-9

Ⅰ.①重… Ⅱ.①祖… ②怀… Ⅲ.①制造工业－工业发展－研究－中国 Ⅳ.① F426.4

中国版本图书馆 CIP 数据核字（2019）第 208743 号

责任编辑：杜辉

中国商业出版社出版发行

010-63180647　www.c-cbook.com

（100053 北京广安门内报国寺 1 号）

新华书店经销

三河市长城印刷有限公司印刷

*

710 毫米 ×1000 毫米　1/16 开　12.5 印张　170 千字

2019 年 11 月第 1 版　2019 年 11 月第 1 次印刷

定价：48.00 元

****

（如有印装质量问题可更换）

零牌管理书系总序：水样组织，一体化运营

祖林　零牌顾问机构董事长兼技术导师

为朋友救场的一堂"企业物流管理实务"课程，直接导致一个中国新锐咨询机构的诞生。

从2001年4月8日第一次正式向客户提交项目方案，零牌顾问机构创立至今已有18年。回顾这18年的发展历程，零牌顾问机构经历了组建工作室（零牌专家组）、知识产品开发、成立公司（广州零牌企业管理顾问有限公司）、品牌再造和全面业务拓展等多个阶段，这18年来，品牌建设一直贯穿其中。

2005年9月，作为零牌顾问机构创始人，初露头角的我进入华南理工大学工商管理学院兼职任教，担任"生产运营管理"教学工作；2009年5月，被聘为中山大学高等继续教育学院兼职教授，主讲"组织行为学"。多年大学工商管理教育的历练，极大地拉动了零牌顾问机构的理论体系建设，自2010年起，零牌顾问机构的专家团队已经常态化地在华南理工大学和中山大学的讲台上为中国产业发展服务。

如今，零牌顾问机构已经是国内有一定知名度的培训咨询机构，成为中国管理咨询行业独具特色的顾问公司：聚焦企业一体化运营研究（见图1），咨询业务通过项目拉动企业变革，培训课程帮助企业补充微量元素，全球跨界学习激发企业创新灵感、助力企业突破发展瓶颈，广州零牌木元塾则为中国培养具有国际化视野和经营能力的新锐企业家。

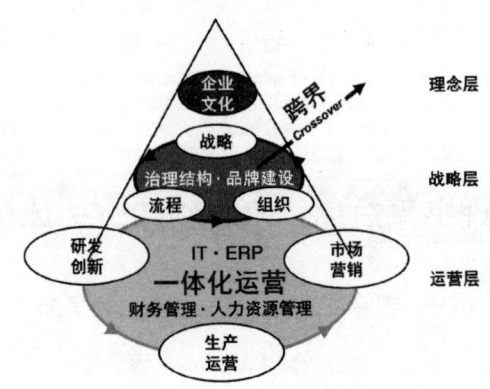

图1　ZERO Consulting零牌顾问机构聚焦企业一体化运营大地图

自2001年以来，零牌顾问机构原创性地开发和建设了拥有自主知识产权的知识库，包括技术地图库、课程提纲库、讲义库、练习库、案例库、音像案例库、项目案例库、调查问卷库、试题库、原创文章库、管理书系和音像课程库等。

零牌知识库是零牌专家团队与全球前沿思想和中国本土实践一体化互动的结晶，其开发过程逐步形成了零牌顾问机构的技术创新特色。多年来，零牌顾问机构从以现场为中心的精益生产逐步拓展到制造人力资源、销研产一体化，从接受华南理工大学工商管理学院关于先进制造技术（AMT）和先进制造业（AMI）的研究，逐步拓展到组织变革、企业顶层设计（见图2）、世界级制造（World Class Manufacturing，WCM）和工业4.0。

不论研究领域如何演变，零牌顾问机构始终以一体化运营为内核，从营销、研发和生产一体化，到战略、流程和组织一体化，再到理念层、战略层和运营层一体化，零牌顾问机构与时俱进，取得了一系列理论创新成果："水样组织""一体化运营""跨界工作机制""人才盘点"降成本作战大地图（见图3）……这些读来新鲜的工商管理词汇并非浮云，而是切实指导零牌顾问机构推动企业组织蜕变、强化国际竞争力、构建组织DNA的理论武器。

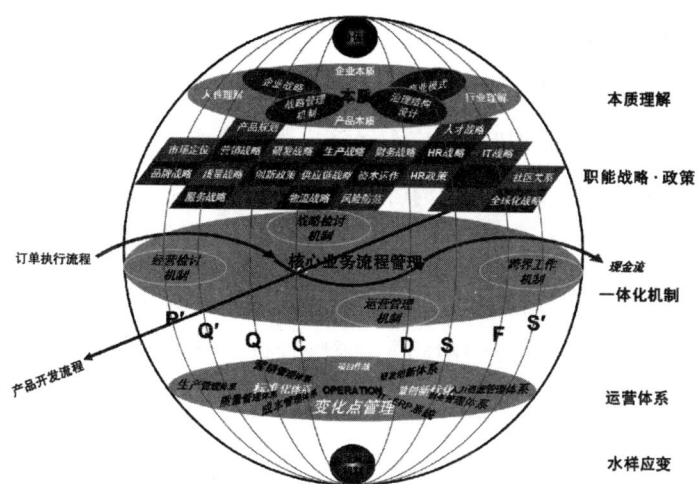

图2　ZERO Consulting零牌顾问机构企业顶层设计大地图

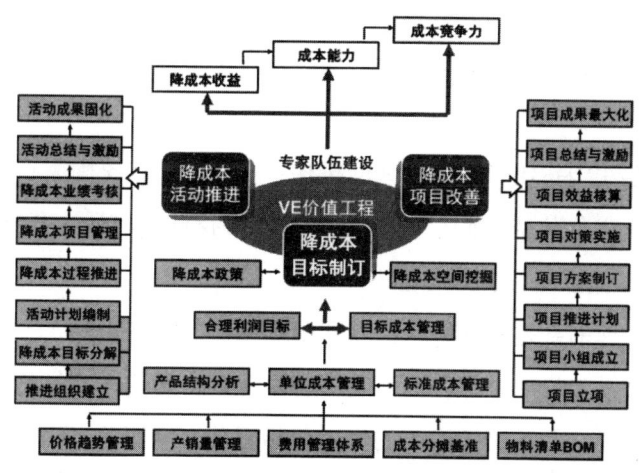

图3　ZERO Consulting零牌顾问机构企业降成本作战大地图

正是有理论体系的创新支持,零牌顾问机构在市场竞争中独树一帜,业务领域从培训、咨询、全球跨界学习到经营塾(零牌木元塾),客户群体不断扩大,从五百强外资企业、民营企业、上市公司到创业型企业,客户生命周期持续创新高。从2013年开始,业务常年处于饱和状态,零牌课堂也从中国拓展到日本、美国和德国等。

为了更好地助力中国企业产业报国,零牌顾问机构的知识产品从基础知识课程、辅导拓展到管理书籍、音像课程，与客户的互动方式也从单一的课堂和现场，到增加了网站、微信、QQ、电话和邮件等多种方式。

2005年，零牌顾问机构与广东经济出版社合作，陆续推出了"零牌管理"丛书；2011年，应中国台湾咨询培训界前辈林荣瑞老先生之约，零牌顾问机构的多本专著纳入厦门大学福友现代实用企管书系；2012年，应北京中智信达总经理王建敏女士之约，零牌顾问机构在中国工商联合出版社出版了《中国制造的世界级战略》。零牌管理书籍的出版发行受到广大企业界读者的好评，销量屡创新高，图书陆续再版。

早在2003年，担任首席顾问的我就有一个愿望：有朝一日在一家出版社全面出版"零牌管理"书系。随着零牌顾问机构的发展，这个愿望也日益强烈。2013年，当零牌技术地图库达到100张地图时，终于有了出版《零牌技术地图集》的灵感和冲动，我突然发现，零牌管理书系该破壳而出了。

2014年12月31日，零牌顾问机构在福建下洋客家围屋召开年会，北京华夏智库文化传播有限公司的王欣老师给我打来电话，我们毅然决定：2015年，零牌管理书系正式起航。

零牌管理书系是零牌顾问机构和中国企业的共同平台，不但是多年来零牌知识体系建设的结晶，而且是零牌企业客户和优秀学员的经营实践总结。也就是说，零牌管理书系的作者包括零牌专家团队、中国企业家和企业干部。这一定位得到了诸多企业界朋友的热烈响应，泰豪科技股份有限公司前副总裁刘璋先生、广州市汇奥机电有限公司董事长兼总经理周祖岳先生等都表达了在零牌管理书系出版专著的愿望。

感怀于这18年来国内企业界对零牌顾问机构的信任和支持，投身国家产业转型和企业蜕变的时代洪流，零牌顾问机构希望以零牌管理书系作为另一种途径与中国企业互动、与中国企业家互动、与广大干部员工互动、与企业经营管理实践互动。

在零牌管理书系面世之际，我们衷心感谢这18年来关心支持零牌顾问机构的广大客户和学员，我们特别要感谢全国知名培训师万宗平老师，华南理工大学许晓霞、谢波兰老师，中山大学韦小妹、刘正生老师，松下电器（中国）前总裁木元哲导师，北京航空航天大学欧阳桃花教授，等等。

2018年1月，赵雅君老师担任零牌顾问机构总经理，怀海涛老师担任零牌顾问机构首席顾问，标志着零牌第二代经营团队正式接班，零牌着手培养第三代经营团队。2019年1月，零牌顾问机构首次战略会议在湖南郴州召开，规划了零牌未来10年的业务结构，制订了5年发展目标和推进步伐。在2011年制定的使命和愿景基础上，萃取了零牌核心价值观，制订了零牌的行为准则和行为红线。这既是一次文化和战略的神圣洗礼，更是一次文化和战略的落地动员。2019年，注定是零牌顾问机构的文化元年和战略元年。

在这里，作为创始人和董事长，我要特别感谢至今还奋斗在零牌顾问机构服务一线的创始员工刁爱萍、赵雅君、怀海涛和梁莹老师，特别感谢曾经为零牌发展做出贡献的聂琳、李宏迎、简建民、黄辉强、谢铨、杨彬誉、袁文、陈汉波、宁静和李煜等老师，特别感谢方行国际董事长吴培华先生，日本松下电器安本刚基先生、大泽仁先生，日本一桥大学中国交流中心志波干雄教授，日本金桥商务社长杨金峰女士和日本万达旅运社长西内路子女士等事业伙伴。

零牌管理书系的孕育和诞生，也得到了中国出版界张晓兰老师、沙林琳老师、刘颖老师和冯巩辛、张杰、王欣、秦富山、李昊轩等老师的热情关怀和帮助，在此一并致谢。期待零牌管理书系结合零牌顾问机构的培训、咨询，全球跨界学习和零牌经营塾业务，开创零牌团队产业报国的新篇章。

祖 林

2019年1月12日 广州

代序：世界级制造的力量

这是一本专门为广大中国制造业企业转型升级撰写的书籍。

在诸多中国企业迈向世界级的进程中，我们试图让中国企业和中国企业家全面了解当前在欧美发达国家正如火如荼地展开的制造变革——世界级制造（World Class Manufacturing，WCM），工业4.0就是这一变革的德国版成果。

我们试图着眼宏观、立足微观，描绘中国制造企业迈向国际化经营的蓝图，以"世界级企业"为目标，用"世界级制造"理论为中国企业进军世界级提供具体的路径指引，为中国制造业的中长期发展提供理论基础。

2010年"刹车门"，2011年福岛核事故，2012年钓鱼岛事件……丰田怎样成为"打不死的小强"？在20世纪70年代开启国际化道路之后，丰田公司屡遭全球性经营危机，但次次都成功实现了"软着陆"。2018年5月11日，中国国务院总理李克强参观日本丰田北海道工厂，对丰田在继混合动力汽车之后的多功能出行平台产品、氢燃锂电池车、无人驾驶汽车和智能交通系统等表现出强烈的兴趣，邀请丰田到中国扩大投资，希望中日双方进一步深化联合研发与创新合作，打造出适合两国市场以及在第三方市场有竞争力的高新技术产品。

专家在深入分析丰田崛起后数十年风雨变迁中发现，丰田成功凭借的是五个强大的积累：强大的资金积累、强大的人才积累、强大的产品积累、强大的品牌积累和强大的技术积累。其秘诀不是精益生产（Lean

Production），而是世界级制造。

世界级制造理论可以更完整、更前瞻性地解释富可敌国、无国界经营的国际化企业（跨国公司）历经全球风雨沧桑、长寿经营、基业长青的秘诀。

由美国学者理查德·施恩伯（Richard Schonberger）在1986年首创的世界级制造理论在1996年才有成型的技术体系，它与精益生产是同根同源的关系，是在研究丰田生产方式（TPS）之后提炼、升华的一套企业管理理论。遗憾的是，在过去很长一段时间里，中国企业对世界级制造了解甚少，本书作为系统介绍传统世界级制造理论和最新世界级制造实践的专著，希望能为更多有志于迈向世界级的中国传统制造型企业提供一个全新的视角和可借鉴的操作指引。

20年多来，世界级制造已经成了21世纪全球卓越制造的新标准，世界级制造理论对北美和欧洲企业的复兴和繁荣发挥了重大作用，是企业在全球竞争中获胜的新的强大武器。

在施恩伯教授的世界级制造理论基础上，我们根据欧美企业的具体实践，结合对全球标杆企业研究的成果，开发出世界级制造的理论模型。2013年7月，《中国制造的世界级战略》由中华工商联合出版社正式出版，在该书中，我们把世界级制造归纳为四大特征：精益生产、精品质量、服务型制造和世界级品牌。

2013年4月，德国提出了工业4.0的国家战略；2014年12月，我国提出"中国制造2025"这一制造强国战略。自此，全球产业界掀起了一股基于工业4.0理论的创新、创业和企业再造浪潮，基于单件定制的大趋势，依托风起云涌的互联网、物联网、大数据和智能化技术突破，世界级制造的现实实践也正在发生前所未有的变化。基于此，零牌顾问机构在近几年的实践中，把世界级制造的四大特征调整为智能化制造、精品质量、服务型制造和世界级品牌。

只有完整地认识到这四大特征，才算是对世界级制造有全面的理解，才能为中国企业进军世界级提供明确的指引。下面就分别阐释这四大特征的内涵，以帮助我们加深理解。

特征一：智能化制造。

智能化制造是世界级制造的第一大基础，目的是对接单件定制式的个性化需求、突破性地提高企业资源利用效率，运用工业工程（IE）、价值工程（VE）和统计技术三大管理技术，结合产品技术、工艺技术、信息技术（IT）、互联网和物联网技术、人工智能化技术（AI）等，完全打通内外边界，以彻底集成化系统实现需求端和产业生态融合，实现瞬时互动、极速交货，加速资金流动，提高企业增值能力。

从精益生产到数字化精益生产，从精益工厂到数字化工厂再到智慧工厂（Smart Factory），智能化制造是向世界级制造迈进的理念和方法，世界级是智能化制造的目标引导和实施效果的度量。企业攀登世界级制造的明确道路是：走智能化之路，到达世界级制造的至高境界。

这一特征指引企业用智能化思维思考一切：数字化、信息化、智能化，自动化、无人化，软件、系统、集成，有机体、组织力……这将颠覆性地拓展企业变革的思路。

特征二：精品质量。

改变传统质量管理只是为了让客户满意、降低失败成本、确保准时制交货的基本目标，而世界级制造强调的精品质量，是站在战略高度看待质量管理，最终服务于品牌建设。

在智能化制造的基础上，企业一定要追求并实现精品质量——创造有趣和感动。质量的竞争是最基础也是最持久的竞争，最终，精品质量将为企业的品牌添金。

精品质量有六大特征，即独特的客户体验、超高的让渡价值、高度的可靠性、高度的符合性、高度的一致性和高度的稳定性。这也是高端品牌的六大特征。

精品质量特征指引企业用精品质量标准衡量和改善一切，从客户场景和客户体验的角度再造企业的质量体系。

特征三：服务型制造。

在"微笑曲线"中，制造环节处于价值曲线的底端，企业如果仅靠赚取一点点加工费，自然无法满足可持续发展的要求。因此，传统制造企业要转型升级，就必须向服务方向延伸，其基本途径是：基于制造的服务和基于服务的制造。

综观全球长寿企业，都具有服务型制造的典型特征，其外在表现就是：服务收入占销售总收入的30%以上。服务已经是众多企业的重要收入来源。

服务型制造的实现，可以使企业进入高端市场，服务带给客户的软性价值将远远大于产品带给客户的硬件功能，服务型制造将为企业抓住并留住一大批高端忠诚客户。

这一特征指引企业植入服务基因，用服务统领制造。这也是客户思维取代产品思维的重要途径。

特征四：世界级品牌。

品牌是企业产品、服务和信誉的结合体，是决定企业能走多远的竞争武器。品牌的竞争比的是企业的良心、抱负、沉静和积淀。世界级品牌是世界级制造的最高目标，是其在智能化制造、精品质量和服务型制造的基础上迈上的最高台阶。

"只要是好东西，总会有人买的。"在品牌的知名度、美誉度和忠诚度当中，世界级制造追求全球范围的知名度和美誉度，最终是希望提高全球客户的忠诚度。

世界级品牌特征指引企业加强客户体验感和企业信用力建设，将之渗透到企业系统的方方面面，落实到所有的客户接触点。

世界级制造是继精益生产（Lean Production）之后21世纪全球优秀制造的新标准，要达到这一卓越水准，需要企业在战略层面建立面向未来的商业模式，培养支撑商业模式的核心能力，构建适合全球市场的发展模式。

有了内在能力，还要有很好的外在表现，使企业能够对接到市场需求，抓住订单，将战略落地，包括营销模式支撑商业模式的实现，研发模式将核心能力转化为发展动力，生产模式实现可复制扩张。

在中国生产，就意味着参与全球竞争。由中国制造迈向世界级制造，对企业的系统建设提出了前所未有的高要求：一是要充分运用先进制造技术（AMT）对企业现有生产系统进行改造；二是加强供应链管理能力，从战略落地的高度进行供应链建设；三是运用六西格玛（Six Sigma，简称6σ）流程技术锻造精品质量，支撑世界级品牌。

中国企业正面临的困境，国际化长寿企业都曾经历过。中国企业正百思不解的难题，国际化长寿企业都成功解答了。

多年来，零牌顾问机构从精益生产切入，以国家案例、城市案例和企业案例为载体进行跨界学习，潜心研究大量国际化企业和国内明星企业的成功之道，探索企业做强、做大和做久的秘诀，解码企业长寿基因，希望为中国企业，特别是中国制造企业的国际化经营提供直观的案例借鉴。

高端制造业回流发达国家，美国政府启动"新经济战略"，西方发达国家几乎不约而同地大力推动"再工业化"，东南亚国家与中国抢夺中低端制造业……在经历了20多年的"制造迷失"之后，世界各国政府重新审视制造业，工业 4.0 浪潮风起云涌。

专家分析说：离开制造业，发达经济体无法有效降低失业率，未来数十年可能是发达国家再工业化、夺回全球制造的高地的时期。

软件可以替代硬件，自动化也可以实现高柔性。西方国家迈上再工业化道路，得益于先进制造技术（AMT）的突破性成果，先进制造技术足以支撑传统制造业向先进制造业转型升级。制造业完全可以低成本、零污染，像金融产品一样快速增值，因为先进制造技术通过技术集成、系统集成、信息集成和管理集成，完全可以做到智能化、低成本、高质量和快速应变的完美结合。

21 世纪的今天，实业仍然是立国之本，制造业对创造社会财富、解决国民就业、确保社会稳定、强化国家竞争力起到第一位的战略性作用。

正是在这个意义上，世界各国以开创性的思维，站在全新的高度，用长期发展的眼光，纷纷开始"抢夺"制造业——更准确地说，是抢夺高端制造业。

所谓"心中纵有千条路，早上起来该卖豆腐还得卖豆腐"，还得卖得更好！后 EMBA（高级管理人员工商管理硕士）时代，中国企业和企业家显然不缺知识，而是缺乏在企业长期经营过程中不断突破发展瓶颈的组织变革能力！

我们期望，超越精益生产的世界级制造理论能够给广大的中国企业和企业家提供一个全新的思路，补充微量元素、推动组织变革、突破发展瓶颈。

我们期望，世界级制造理论能够为中国制造业提供实实在在的转型升级路径：智能化制造、精品质量、服务型制造、世界级品牌。把"世界工厂"转变为"世界级制造中心"，真正实现产业报国、实业立国。

本书付梓之际，我们要特别感谢华夏智库的张杰、王欣和李昊轩等老师助力本书出版，衷心感谢松下（中国）前总裁、零牌木元塾塾长木元哲导师在四年的企业家经营私塾教学和企业辅导中创造的东方智慧。

智力兴企、产业报国。世界级制造是创造中国模式的全新机会，我们热切期待和中国企业与企业家一道，在中国制造迈上世界级的道路上为国家建设和民族振兴尽一份心力。

祖 林、怀海涛

2018 年 12 月 31 日广州

目录

上篇　认识世界级企业

第一章　中国企业正在迈向世界级

一、走向中国的世界，走向世界的中国
1. 不知不觉的国际化 / 4
2. 国际化：从被动参与到主动竞合 / 5
3. 国际化带来的中国企业机会 / 5
4. 借鉴：日本企业的国际化动力 / 6
5. 全球化的五大阶段 / 8

二、中国企业正在迈向世界级
1. 什么是"世界级企业" / 12
2. 中国培养世界级企业的优势 / 12
3. 正迈向世界级的中国企业 / 14

三、中国企业的世界级战略
1. 中集的"世界级企业"战略：成为运输装备领域的世界级企业 / 19
2. 华为的"世界级企业"战略：积极创新、全球化水准、价值观力量 / 21

第二章　从世界级制造到世界级企业

一、企业经营的根本：流动性
1. 企业通过资金的流动性获取增值 / 24

2. 产品是资金的化身 / 25

3. 流程是资金流动的载体 / 27

4. 流动性管理是提高企业增值能力的核心 / 28

5. 流程中的四个流：信息流、工作流、物流和资金流 / 29

6. 从供应链整体抓四个维度的流动性 / 31

7. 应对环境变化，才能提高流动的有效性 / 31

二、世界级制造的理论起源

1. "世界级制造"的提出 / 35

2. 世界级制造与精益生产同根同源 / 36

3. 世界级制造推动世界制造业的进步和发展 / 37

三、区别于精益生产：世界级制造以提高流动性为核心

1. 库存周转对企业发展的战略作用 / 38

2. 走精益的道路，迈向世界级制造 / 40

四、从世界级制造到世界级企业

1. 追求卓越，企业才能持续发展 / 42

2. "世界级企业"是 21 世纪卓越经营的最高目标 / 43

3. 世界级制造是传统企业迈向世界级的不二途径 / 44

4. 企业管理成熟度是迈向世界级制造的基础 / 45

5. 核心能力、商业模式和发展模式是迈向世界级制造的核心层 / 47

6. 营销模式、研发模式和生产模式是迈向世界级制造的基础能力 / 50

7. 先进制造、供应链管理和六西格玛流程管理是迈向世界级制造的技术支撑 / 53

下篇　迈向世界级企业的中国路径

第三章　精品质量

一、重新认知质量

1. 什么是质量 / 64

2. 质量与人品 / 66

二、世界级制造，世界级质量

1. 汤姆·彼得斯的世界级质量12个特征 / 67

2. 世界级质量的影响因素 / 69

3. 企业实现世界级质量的成功经验 / 70

三、企业质量战略与质量体系再造

1. 企业质量战略的制定与实施 / 76

2. 企业质量体系的再造 / 79

四、质量突破的跨界创新

1. 跨界经营的质量保证 / 83

2. 跨界经营的质量创新 / 85

第四章 智能化制造

一、从工业4.0到中国制造2025

1. 什么是工业4.0？何为中国制造2025 / 88

2. 工业4.0和中国制造2025的不同 / 89

3. "中国制造2025"实施路径 / 91

二、解析精益生产歌剧院模式

1. 均衡化生产：生产要平稳、有序 / 95

2. 准时化生产：单件流动、节拍时间、拉式生产三大工具 / 96

3. 看板管理：拉式生产实现准时化的诀窍 / 98

4. 库存规划：拉式生产实现准时化的关键 / 101

5. 精益生产方式中的自动化原则 / 101

6. 中国企业精益生产建设大地图 / 103

三、从精益工厂到数字化工厂

1. 当精益遇上数字化：数字化强化了传统精益，精益实现了新的增值 / 105

2. 通过战略、效益、技术和人才四维度打造数字化工厂 / 107

四、智慧工厂从物联网开始

1. 物联网技术造就智慧工厂——物联网助力制造企业转型升级 / 109

2. 用物联网打造智慧工厂的策略——优势科技的 WF-IoT 技术实践 / 110

五、中国企业迈向智能化制造的路径

1. 工业智能及其应用 / 113

2. 智能制造——让设备变"聪明" / 114

第五章　服务型制造

一、从纯加工到服务型制造

1. 大宗商品乱斗，竞争必将陷入死循环 / 118

2. 唯有提高软制造实力，才能重建客户满意度和忠诚度 / 118

二、认识服务型制造

1. 从服务角度重新认识制造业 / 121

2. 服务型制造的五个主要特征 / 122

3. 服务型制造的收入效益 / 122

4. 服务型制造支撑服务经济 / 123

三、服务型制造的条件

1. 服务型制造表现之一：软件代替硬件 / 124

2. 服务型制造的表现之二：重视系统创新 / 125

3. 服务型制造的表现之三：打造整体解决方案的能力 / 126

4. 经典案例：海德堡公司的理念、系统、软件、硬件和人才一体化解决方案 / 127

四、服务型制造的践行路径

1. 摒弃价格战思维定式 / 131

2. 突破性地提高硬件产品生产能力 / 131

3. 从硬件生产能力向软件开发能力延伸 / 132

4. 从软件开发能力提高到系统构建能力 / 133

5. 从系统构建能力向个人培养能力延伸 / 134

6. 透视产品，升华事业 / 134
  7. 能力集成，加强内部专家队伍建设 / 135
 五、服务型制造的收入来源
  1. 系统开发和维护带来的服务性收入 / 136
  2. 技术开发和维护带来的服务性收入 / 136
  3. 产品开发和维护带来的服务性收入 / 137
  4. 专才和通才培养带来的服务性收入 / 137
  5. 经典案例：摩托罗拉大学 / 138

第六章　世界级品牌

 一、品牌的力量
  1. 惊人的品牌价值 / 145
  2. 品牌带来商业优先机会 / 145
  3. 品牌带来价值链增值 / 146
  4. 品牌带来坚强的抗风险能力 / 146
  5. 品牌带来非一般的发展爆发力 / 146
 二、品牌再认识
  1. 品牌的内涵 / 147
  2. 企业品牌、个人品牌的内涵 / 148
  3. 产品品牌、企业品牌和个人品牌的关系 / 149
  4. 企业品牌与国家品牌 / 151
 三、品牌的六大要素
  1. 独特的顾客体验 / 152
  2. 超高的让渡价值 / 153
  3. 高度的可靠性 / 154
  4. 高度的符合性 / 154
  5. 高度的一致性 / 154
  6. 高度的稳定性 / 155

四、购买者的心路历程与品牌忠诚度

1. 购买倾向 / 156

2. 购买决定 / 157

3. "兑现性"感受和认识 / 157

4. "兑现性"记忆 / 157

五、品牌与质量的关系

1. 质量再认识 / 158

2. 质量是品牌的基础 / 159

3. 从小质量到大质量的进步 / 160

4. 品牌建设的本质就是提高经营质量 / 160

六、精品质量，为品牌添金

1. 提高营销质量，从满足"需"迈向满足"求" / 161

2. 提高研发质量实现品牌溢价 / 162

3. KANO 模型与"迷人"质量设计 / 163

4. 领先对手的质量条件 / 165

5. TRIZ 支撑研发创新 / 167

6. 六西格玛与精品质量 / 168

七、中国品牌：由中国迈向世界

1. 世界级品牌的重要特征 / 169

2. 中国民族品牌中的佼佼者 / 170

3. 民族企业迈向世界级方法之一：从隐形冠军做起 / 171

4. 民族企业迈向世界级方法之二：从区域迈向全球 / 172

结语：世界级制造与企业再造 / 174

上篇

认识世界级企业

第一章
中国企业正在迈向世界级

党的十八大以来,我国在航天工程、超级计算机、量子通信、大飞机工程、高速铁路、国产航母等高技术和高端制造领域取得了一批有国际影响力的重大成果。人民日报微信、人民日报客户端首发的《外国人最想带回祖国的中国"新四大发明"》,曾引发了广泛的热议。其实,远不只这"新四大发明",还有一大批代表我国科技水平的中国明星制造,也用实力抢占了世界海陆空,正在迈向世界级。

一、走向中国的世界，走向世界的中国

国家主席习近平于 2016 年 9 月 3 日在浙江杭州举行的"二十国集团工商峰会"开幕式上表示，中国改革开放的伟大进程，是中国走向世界、世界走向中国的进程。我们奉行独立自主的和平外交政策，坚持对外开放的基本国策，敞开国门搞建设，从大规模引进来到大踏步走出去，积极推动建设更加公正合理的国际秩序，中国同外部世界的互动持续加强，中国的朋友遍布世界……

"中国走向世界、世界走向中国"是对当今中国与世界关系的战略思考，反映了中国与世界的双向互动。

1. 不知不觉的国际化

贵公司有国际化业务吗？很多只做国内市场的中国企业也许会断然说"没有"，其实在不知不觉之中，所有中国企业都在向国际化迈进，从技术来源，生产设备原材料、零部件，到供应商、客户和客户的客户，不一而足。按照通常的观点，在海外办了公司才叫国际化，其实，从采购、技术合作到销售、市场，各种经营要素的国际化，都能将中国企业带向世界。

国际化不是跨国巨头的专利。企业不管面向哪个市场开展经营，都会经历三个阶段：先做国内某个区域市场（如广东省、华北区域），再拓展到全国市场，最后进军国际市场。当然，也有反向的，先做国际市场，再进军国内市场。

在资本逐利本性的推动下，尤其是在关税和非关税壁垒同时沉渣泛起之时，立足中国、放眼世界，全球布局已经成为中国企业应对变化、实现可持续增长的必然选择。比如，美的在越南办厂，福耀玻璃投资美国……这些企业虽然经风历雨，但布局全球已成为时代大势所趋。

2. 国际化：从被动参与到主动竞合

在中国生产，就意味着参与全球竞争。不管你是否接受，全球化都是不争的现实，融入全球经济的中国企业，总要直面国际化带来的挑战，与其被动地参与其中，倒不如主动参与竞争——活用全球化带来的国际化机会，面向未来50年，建立企业的国际化思维，奠定企业的国际化格局，求索企业的国际化道路。

跨国巨头通常都经历了从区域市场到全国市场再到全球市场的三大拓展阶段，国际化企业一般都要经历从本土经营迈向国际化经营的蜕变。国际化并不独属于跨国巨头，德国、日本和美国无数中小企业的实践证明，小微企业也可以国际化，在全球利基市场，小公司也能创造国际知名品牌。

3. 国际化带来的中国企业机会

客观地看，目前海外对中国部分产品的印象并不好，其他国家的普通消费者虽然受惠于中国制造崛起，提到中国时，第一印象普遍是"不好"，诸如食品安全令人担心，玩具等产品存在安全性和环保性问题，假货多，商业诚信缺失（如言而无信、骗人等）等。

再看第二次世界大战后经济重建中的日本，那时候日本的产品也是劣质低价的代名词，经历了20世纪60年代到80年代的脱胎换骨，才成就了现在全球高端制造的世界地位。

与上述印象完全不同的现实是，得到全球信赖的中国制造无处不在，无论是优衣库的服装、无印良品的居家用品，还是联想的ThinkPad系列个人电脑、中国工厂代工的阿迪达斯球鞋、富士康生产的苹果手机等，这些产品不仅代表了世界级水平，还得到了各国消费者的喜爱。

看起来，这似乎很矛盾，其实并不矛盾。一方面，中国企业在为世界级品牌代工，执行的是世界级品牌的质量标准；另一方面，多数中国企业并没有在全球确立自身的品牌地位，质量水平参差不齐，占据的市场依然很低端。

显然，海外市场和消费者对世界级品牌的认知不会转化为对中国企业的认知，对中国产品的印象依然来源于中国品牌、中国制造的产品。也就是说，海外市场和全球消费者对中国企业的认知，离不开全球品牌的创建和卓越业绩的打造，创建来自中国的世界级品牌是中国制造走向全球的不二法则。

经历改革开放后，中国逐步融入了全球经济体系，中国企业获得了越来越多的发展机会，尤其是进入21世纪后，走出中国、迈向全球已然成为诸多中国企业的发展新动力。

4. 借鉴：日本企业的国际化动力

和中国一样，日本是一个严重依赖出口的外向型经济国家。战后30年间，日本从制造入手，经过多年的努力，不但成为第三个全球制造中心，还成为全球服务中心，跃居世界第二大经济体（现为第三）。

同样，日本人均资源奇缺，战后一穷二白，经济崛起之后先后遭遇第一次石油危机、美日贸易战、经济泡沫破裂，可谓"迷失的二十年"，但日本凭借技术立国和全球化战略，实现了"墙内不足墙外补"。

概括起来，日本企业的国际化动力有以下六点：

第一，扩大海外市场销售。日本虽然拥有全球排名第十、高达1.27亿（2016年）的人口，但是由于早已进入成熟社会，消费乏力，企业缺乏业务增长点和利润增长点，开拓全球市场仍是必然的战略选择。

第二，进口便宜的产品和原料。日本是发达国家，各种经营要素成本都高居不下，再加上国内资源匮乏，大部分依赖进口，日本企业只能从全球资源配置的角度进行资源整合，从其他国家进口更加便宜的产品和物料，以此来降低国内销售产品的成本，提高经营利润。

第三，满足主要客户的要求。很多日本企业尤其是中小企业的国际化并不止是主动的，只不过由于供应链结构相对封闭，不得不跟随主要客户到海外拓展市场、投资办厂，很多企业只能跟随客户到其他国家设点，以此来稳固客户关系、确保持续经营。

第四，取得分红和专利费、技术指导费等收入。在国内发展到一定程度后，通过国际化，在其他国家投资设厂办公司，日本企业就能通过分红、专利费、技术指导费和品牌使用费等途径，获取资金回报，将既有知识资产变现为现实收益。例如，日本松下在中国的子公司包括合资公司，需要将4.5%的销售收入作为技术支援费上交给日本母公司，这是跨国公司转移利润的途径之一。

第五，确保生产所需的相关劳动力供应。随着日本的单身化、少子化、老龄化和制造业空心化的出现，一方面，人口负增长、劳动力越来越少，尤其新增劳动力、青壮年劳动力的不断下降，企业逐渐出现了"用工荒"；另一方面，越来越多的年轻人选择在服务业和新兴行业就业，愿意去制造业（工厂）上班的人日渐减少。为了解决劳动力供应问题，除了传统的研修生制度，日本又新推出外籍劳动者在留资格法律，增加了海外劳动力的输入。同时，日本企业尤其是制造业还到海外设立基地，将产能进行全球化配置，确保了企业的供应能力。

第六，利用海外的高新技术。众所周知，全球创新引擎主要集中在美国、日本、以色列、欧洲和新西兰等国家和地区，那里汇聚着创新需要的各种资源，把触角布局到"硅谷""光谷"，是获取持续竞争优势的战略之一。这里不妨看一个日东电工海水淡化业务的全球布局的案例。日本日东电工（Nitto Denko）株式会社把海水淡化业务的研究开发（R&D）中心设在了新加坡，把营销中心设在了美国纽约，而把其他支援功能放在日本，就是充分利用了新加坡作为世界上海水淡化最先进国家、云集了众多海水淡化领域的设备厂家的优势，日东电工可以与之开展深度技术合作；而海水淡化作为国家层面的大项目，要使用国际资金，而银行渠道很容易获取市场信息，日东电工收购与世界上水咨询公司相关的大公司，就能从源头占领海水淡化业务的高地。

反观中国，国际化、全球化是中国企业的必由之路。改革开放后，打开国门的中国进入了曾经陌生的世界。中国企业走向世界，也成为必然：中国需要世界，世界也需要中国。只不过，在新的历史时期，中国企业走向世界已经进入了新的阶段，开启了新的征程。

5. 全球化的五大阶段

纵观各国产业史，企业迈向全球化都会经历五大阶段：国内经营、国内经营+海外出口、国内经营+海外单区域经营、国内经营+海外多区域经营，以及无国境全球经营（见图1-1）。

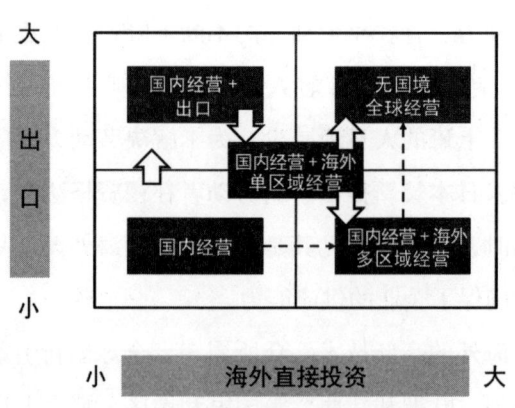

图1-1 企业全球化的五大阶段

第一阶段，国内经营。这一阶段，企业面向国内市场，客户都在国内。

第二阶段，国内经营+海外出口。企业首先要进行市场国际化，海外客户出现，需要与不同国家的企业或消费者产生直接或间接的交易行为，企业要遵守中国以外的法律和商业规则。

第三阶段，国内经营+海外单区域经营。企业开始在海外某个国家设点，建立自己的经营主体，业务覆盖到海外的某个区域。

第四阶段，国内经营+海外多区域经营。海外经营由单区域增加为多区域，经营主体不断增加，企业面临更加多元化、更加复杂多变的法律和商业规则的挑战。

第五阶段，无国境全球经营。这是企业国际化的最高层次，企业在多数国家设点经营，纵横全球市场，根据缩短客户距离、提高研发创新优势和总成本最低的需要，动态地进行全球布局，在全球市场中建立持续的竞争优势。

再来看一个日本松下（Panasonic）的国际化进程的案例。

松下迈向全球化，一共经历了4个大的阶段（见图1–2）。2016年4月，日本松下前人事部长佐藤光政先生在广州与零牌木元塾的中国企业家塾友进行了交流，其在总结松下的国际化进程时说："在1960年之前，松下在日本国内生产、国内销售；1960—1970年，在国内生产国内销售的基础上，增加了出口；1970—1980年，松下开始在消费地生产、消费地销售，这样可以接近市场、缩短与消费者的距离；在1980年之后，松下实现了全球布局：在全球最适合地生产、最适合地销售。"

根据日本松下官网公布的数据，截止到2018年3月31日，松下在全球40多个国家设有230多家公司，员工人数约为29万，位列2018年《财富》世界500强的第114位、世界制造业500强的第26位，是一家货真价实的跨国公司。

在松下国际化的道路上，有3个不能忽视的关键事件。

事件一：1952年，松下与荷兰飞利浦进行技术合作，通过合资战略，引进并消化飞利浦电子技术，使松下成功地由电工技术跨入电子技术。谈判期间，飞利浦收取7%的技术指导费，松下幸之助以"经营指导费"对冲，成就全球企业界的一段佳话。

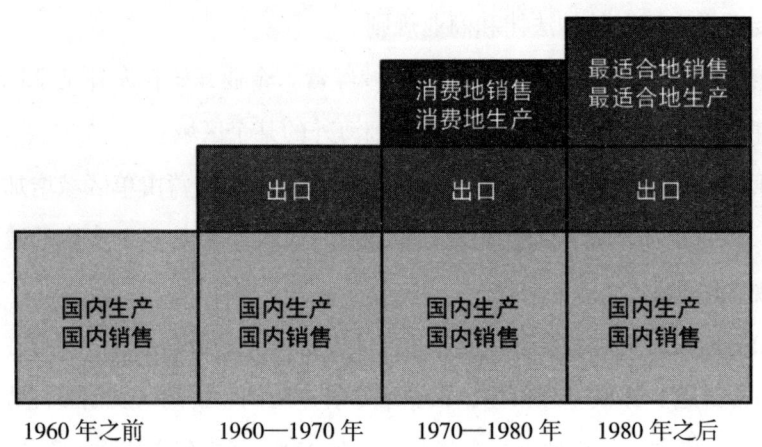

图1-2 日本松下迈向全球化的四大阶段

事件二：1959年，松下幸之助在美国成立了北美松下电器公司，松下幸之助开始在美国市场进行产品销售。其实早在1952年1月，松下幸之助就开始到美国考察。当时，日本和美国家电厂家的原材料价格差不多，但美国的工人工资却远高日本十几倍，即便如此，美国公司的盈利依然不错，而日本公司却多数亏损。考察后，松下幸之助找到了答案：技术和管理都是生产力。

事件三：1972年，松下幸之助应马来西亚政府邀请，前往该国投资设厂。本来是想支持当地经济发展，结果在广场协议签署、日元汇率急升时救了松下一命。

回顾这一经历，松下（中国）前总裁、退休后担任零牌木元塾塾长的木元哲先生说：

"1985年签署广场协议时1美元兑235日元，在不到一年的时间里下跌至1美元兑165日元，日元急剧升值。当时我正好被长期派驻美国，为了获得下一年度（1986年）的空调订单，我拜访了当地的代理商。从9月

22日起日元急速升值，我想如果按照合同价格销售是卖一台亏一台，肯定亏大了。10月中旬，我接到直接上司从日本打来的电话，通话过程至今还记忆犹新。当时，我的上司一点都不慌张，只是说'我们正在考虑对策，请继续按原条件接单！'我感觉很纳闷，到底他们有何对策？

"其实，当时的对策是，立即停止在日本国内生产空调器，改由松下马来西亚工厂生产，对美国市场出口的产品全部改由马来西亚基地生产。原来，我所属的空调器事业部从1972年开始就在马来西亚建立了工厂作为出口基地。当时的马来西亚首相曾向松下幸之助求助：为了带动马来西亚经济发展，希望松下电器到该国投资。

"为什么不是电视机而是空调器呢？因为松下幸之助说过这样一句话：'马来西亚热，空调器好！'

"说到这里，大家应该能够理解这家工厂在当时为松下电器解决多大的难题了吧！"

以纽约广场协议使日元急速升值为契机，作为对抗日元升值的迂回策略，日本企业纷纷在海外设立工厂，如此就加速了日本企业的国际化。

二、中国企业正在迈向世界级

从1995年第一份世界500强综合榜单问世开始，中国上榜企业数量逐年增长，到2018年7月19日财富中文网与全球同步发布的最新《财富》世界500强排行榜，中国公司已经从最初的3家达到了120家，没有任何其他国家的上榜企业数量如此迅速地增加。近些年的实践已经表明，中国企业正在迈向世界级。

1. 什么是"世界级企业"

在国外,"世界级企业"这个概念最早出现在1987年《电讯通讯》杂志上的一篇文章——《一个名字,一间公司》。之后,这个提法就不断出现在国外的许多媒体上,以及学术界和公司的口号中。在我国,首先使用"世界级企业"概念的却是美国哥伦比亚大学的威廉·纽曼教授。1995年7月,承德避暑山庄举办了"动态一体化战略研讨会",威廉·纽曼教授第一次提出了"中国需要在竞争性行业发展自己的世界级企业"。

所谓世界级企业,是指企业在从事的行业领域中拥有核心专长,具备全球化的战略与治理思想,其治理运营效率、产品服务品质以及整体价值链能力能够与世界顶尖企业抗衡,能够在国内外市场与国际领先企业在产业链上展开竞争与合作。世界级企业通常是本行业的顶尖级企业,拥有独特的商业模式、战略设计、战略执行和控制及评估;职能部门建立了良好的业务流程、管理体系,以及匹配的专业技术能力和执行力。

"世界级企业"这个概念的流行和广为接受,是我国管理学界和企业界对过去几年盲目追求规模,特别是对进入"世界500强"进行反思的结果,预示着我国企业管理者在处理增长与效益、规模与水平、外延扩张与素质提高等重大问题上越来越成熟和理性。随着中国综合实力的提升,中国企业正在大步迈向世界舞台。

2. 中国培养世界级企业的优势

党的十九大报告提出,要培育具有全球竞争力的世界一流企业。要想实现这个目标,就要打造一批在国际资源配置中占有主导地位的领军企业、在全球行业发展中具有引领作用的企业、在全球产业发展中有话语权和影响力的企业。

经过40年的经济改革与市场开放,中国已经具备了有利于培育世界级企业的"国家特有优势"。具体体现在以下几个方面:

第一，在要素成本上独具优势。一直以来，要素成本优势都是公认的中国企业竞争力的主要来源。依靠这个优势，中国企业就能将西方企业的资金、技术与人才不断地吸引到沿海地区，形成漫长的制造带；依靠该优势，中国通过"农村人口从内地向沿海的不断转移""将生产基地从沿海向内地逐步转移"两种方式，有可能将"飞进"中国的"候鸟产业"长时期留在中国；依靠这个优势，中国企业就能将西方企业经营亏损的产品迅速转变为进攻全球市场的有力武器，促使更多的西方企业退出竞争或将经营转到中国。目前，经济全球化与市场国际化已经部分或全部消解了中国在土地与原材料成本上的优势，但是中国在人力成本上的比较优势依然具有很强的可持续性。

第二，市场规模上有优势。正如西方学者形容的那样，中国是一头拥有13亿人口的"大象"，一旦中国消费者开始需要产品，中国就可能成为这些产品的制造大国。这些消费品制造行业的发展就会带动相关的零配件、原材料以及设备制造行业的发展，使中国的更多行业上升为世界产量第一。从这个意义上说，巨大的市场规模有利于中国企业利用国内市场获得规模效益和学习效益，形成世界级的成本竞争能力。

第三，市场结构方面的优势。中国市场的对外开放与巨大的增长潜力，使国外企业纷纷参与其中，提高了中国市场的竞争水平。同时，大量性质和行事规则不同的中小企业从低端增加了中国市场的竞争强度，中国市场是全球竞争强度、动态性和复杂性最高的市场。置身其中，中国企业不仅可以获得大量的知识、经验，还能在与上述企业的互动中提高自己的竞争力。

第四，人才素质很高。发展世界级企业，中国具备其他国家难以具备的人才素质优势。这种优势具体表现在3个方面：其一，中国大学教育，尤其是工科大学本科教育的规模与水平都非常突出；其二，外国独资、合资与合作企业帮中国培养了大量的中高级技术与管理人才；其三，大量的海外华人和海外留学生的回国投资与就业，能够提高中国企业的创新能力。

第五，经济转型过程的优势。多数理论研究表明：经济转型中的中国企业通常都会受到制度与市场不完善因素的干扰。但不得不承认，在计划经济手段还能发挥作用的时期，如果政府决定支持某一个行业或者某一个企业，支持力度与行动速度都是异常惊人的。因此，在市场经济仍然有待完善的阶段，企业完全可以从市场不完善、信息不对称和机会不均等中得到惊人的好处。有效利用该阶段仍然存在的机会，也是中国企业的一种特定优势。

不可否认，"国家特有优势"确实为中国许多行业的企业提供了成为世界级企业的可能。但是，只有能够建立与发挥特有优势的企业，才能走出中国、走向世界。

3. 正迈向世界级的中国企业

随着中国的崛起，必然会诞生世界级企业。现实中，海尔、上汽集团、中国铁建、中国核电等都是迈向世界级的中国企业。下面我们来看看它们是如何成为世界级标杆企业的。

海尔：通过打造企业核心竞争力，成为世界级标杆企业。

青岛海尔股份有限公司（以下简称"海尔"）是中国著名的电器企业，也是世界有名的电器企业，创立于1984年，距今已经发展了30多年。海尔还是一家世界500强企业，在世界500强排名中靠前。2017年，海尔的全球营业额已经突破2400亿元，更具突破性的是，海尔还收购了通用电气家电业务。在迈向世界级企业的进程中，海尔积极打造企业核心竞争力，用服务支撑品牌，充分体现了技能与知识的综合能力。

从海尔发展的历程和现状来看，其核心竞争力在管理方面已经构建了适合中国环境的企业管理模式，实现了战略、观念、人力资源、文化、技术、质量、市场、服务等方面的创新，取得了今天的成就，使名牌战略、多元化战略和国际化战略得到了很大成功，创造了用户的绝对忠诚度。

在产品方面，海尔从单一的家电产品扩展到多元化产品（计算机、手机、生物制药、家庭整体厨房），已进入多元化产业经营的格局时代。在此过程中，海尔不仅保持了原有产品的发展，还加大了对第二、第三类型业务的投入，从产品和技术层面保持了其核心竞争优势地位。

在服务模式方面，海尔构建了先行与品牌操作系统。这种核心竞争能力具有一定的延伸性，影响着海尔的持续发展、发展的方向和范围。这种延伸更多的是面上的延伸，即与多元化经营战略相匹配的延伸。

从海尔的企业理念来看，"对内实行以企业忠诚为中心的核心价值体系，对外实行以消费者为中心的服务体系"的经营哲学强化了其核心竞争力。同时，海尔将其"企业忠诚"的价值体系上升到"中国造"，为其核心竞争能力的延伸架构了一个广阔的、高远的空间。

海尔通过打造企业核心竞争力，成为世界级标杆企业，给中国家电企业带来的重要启示是：中国家电企业要想拥有生存与持续发展的机会，要想创造出世界一流品牌，就必须建立自己的核心竞争力。这是因为，只有具备核心竞争力，才可能避免恶性竞争，减少不正当降价的损失；才能控制价值链，加大企业的品牌受益；才能在整个行业内推行最优化的企业管理模式，使整个行业的管理水平达到最优化，并带来利润的大幅上升；才能推动产业升级，提高国际化竞争能力；才能真正取得巨大发展，真正成为世界级的家电制造中心。

总之，在核心竞争力的构建过程中，海尔以自身的企业文化为首，大胆创新，勇于尝试多元化发展模式，以超前的服务理念赢得了自身的竞争优势，成为诸多企业学习的案例。

上汽集团：实现自主品牌从无到有的第一次跨越。

上海汽车集团股份有限公司（以下简称"上汽集团"）是国内 A 股市

场最大的汽车上市公司。2016年7月20日,《财富》杂志世界500强出炉,上汽集团进入财富世界500强;2017年7月31日,《财富》中国500强排行榜发布,上汽集团排名第4;2018年7月发布的《财富》世界500强排行榜中,上汽集团以1288.19亿美元的销售收入,排名第36位……上汽集团在《财富》中的排名连年稳步提升,展现了企业的全球竞争力。上汽集团之所以能取得这样的成绩,主要得益于自主品牌(自主品牌是上汽集团可持续发展的立身之本,也是上汽集团成为世界著名汽车集团的核心载体)的创立。

2006年至2007年,上汽集团收购了英国罗孚汽车,与南汽联合重组,相继推出自主品牌汽车荣威和名爵,实现了自主品牌从无到有的第一次跨越。上汽自主品牌起步时研发工程师还不到700人,如今的规模已达3500人。上汽在全球招聘技术研发人才,在英国设立了研发中心,在硅谷设立投资公司捕捉前瞻技术。有了底气,上汽人更有信心让自主品牌更上一层楼。2015年年初,上汽集团董事长、党委书记陈虹提出,力争在2020年,实现自主品牌年销100万辆的目标。

从市场表现看,上汽集团互联网汽车是在短时间内爆发的,但成为爆款却经历了长时间的打磨。一方面,上汽集团与阿里历时两年合作,推动了汽车与互联网的跨界融合;另一方面,上汽集团自主品牌努力积累技术和经验,努力完善产品体系,努力研发高效环保的动力系统,改善车型设计,为产品迭代提供了强有力支撑。技术创新和体制机制改革,让上汽集团找到了自主品牌创新增长的内在动力。于是,在第一款互联网汽车荣威RX5正当红时,荣威i6、名爵ZS等第二代互联网汽车产品已经发布,国内汽车领域独一无二的产品和技术升级路线图已然清晰。

中国铁建:以科技创新为先导,形成了一大批核心技术。

中国铁建股份有限公司(以下简称"中国铁建")由中国铁道建筑总公司于2007年11月5日在北京成立,是国务院国有资产监督管理委员会管理的特大型建筑企业。党的十八大以来，中国铁建以科技创新为先导，建立了完善的科研体系和研发队伍，在轨道交通、房屋建筑、工业制造等领域，形成了以高速铁路、长大隧道、大跨桥梁、超大直径盾构和施工装备为代表的一大批核心技术，成为全球最具实力和规模的特大型综合建设集团之一，2017年名列《财富》世界500强第58位，常年稳居全球最大250家工程承包商前三甲。

中国铁建重工集团（以下简称"铁建重工"）是中国铁建工业制造板块的核心企业，经过10年的创新发展，铁建重工的掘进机、特种装备、轨道设备、轨道交通装备等产业板块从零起步，历经"跟着跑""并着跑""领着跑"的"三级跳"，通过自主创新，让大批重大技术装备戴上了"国产首台首套"的光环，撑起了中国制造的新高度；大波拳头产品技术直逼国际巨头，达到世界领先水平。

2015年12月，由铁四院设计并代表中国铁建实施设计施工总包管理的长沙中低速磁浮轨道交通全线建成试运行，这是我国首条投入运营的中低速磁浮线，也是目前全世界最长中低速磁浮线路。从轨道交通产品输出、运用到技术维护全部由国内厂家完成，标志着继德国、日本、韩国之后，中国成为全球第四个掌握磁浮技术的国家。随着长沙中低速磁浮项目的工程推进和市场推广，中国铁建已经打造了中低速磁悬浮品牌示范效应，取得了较好的市场声誉，成为世界磁浮轨道交通技术的引领者。

中国核电：大型企业海外在地运营的先行者。

中国核工业集团公司（以下简称"中核集团"）是经国务院批准组建的特大型国有独资企业，其前身是二机部、核工业部、中国核工业总公司，由100多家企事业单位和科研院所组成，后更名为"中国核工业集团有限公司"。中核集团是我国核电站的主要投资方和业主，是核电发展的技术开发主体、国内核电设计供应商和核燃料供应商，是重要的核电运行技术服务商、核仪器仪表和非标设备的专业供应商。2015年8月，中核集团在巴基斯坦建设的卡拉奇核电项目2号机组开始第一罐混凝土浇筑，"华龙一号"首次走出国门。2017年7月12日，中核集团获国资委2016年度经营业绩考核A级。

中国广核集团有限公司（以下简称"中广核集团"）是大型企业海外在地运营的先行者。2015年年初，中广核集团联合中非发展基金在纳米比亚投资建设的湖山铀矿，探索高度国际化在地运营新模式。2015年10月，中广核集团与法国电力集团双方展开合作，建设英国赛兹韦尔和布拉德韦尔核电站。

如今，核电已经成为中国"走出去"新名片，国际核电合作是大势所趋，核能发展离不开国际合作。国际核电领域的知名企业都是大型跨国企业，有利于参与国际竞争和合作，在全球范围内优化配置资源。从发展中国家到发达国家，中国核能技术已经成为世界核能产业具有较强竞争力的新生力量。

海尔、上汽集团、中国铁建、中国核电等迈向世界级的中国企业的实践证明：只有在某个行业或者产品上建立与发挥大规模制造优势，企业才能将市场规模优势转化为制造成本优势；只有在产品市场上获得控制权，甚至垄断性地位，企业才能将要素成本优势和制造成本优势转化为相应的盈利能力；只有将盈利持续地用于提升企业的创新能力，才能最终在成本与差异两个方面形成整合优势，成为世界级企业。

三、中国企业的世界级战略

任何国家的发展，主要推动力都来自企业，而所谓企业就是一个资源转换器，即将各种输入经过加工和放大，变成能够令各利益相关团体满意的输出。按照一般规律，资产多、规模大的公司资源转换效率都比较高，但中国企业已经不可能再通过低成本加工和进入欧美市场来发展壮大，与西方企业进行正面竞争。因为中国企业目前所处的环境与当时所处的环境完全不同，企业不可能轻易地进入欧美市场。最重要的是中国市场太大、吸引力巨大，没等中国企业在国内市场长大，国外的大企业就已经进入中国市场了。因此，建立"世界级企业"是中国需要选择的更加现实和可能的目标。

中国企业要想将国家优势有效地转变成国际竞争力，就要建立公司特定优势，先做中国的行业第一，再争取成为世界级企业。"先做中国第一，再做世界第一"，是发展中国世界级企业的有效战略与路径。现实中，一些企业已经将"成为世界级企业"写进了自己的战略意图或企业宗旨，比如中国集装箱股份有限公司（以下简称"中集"）、华为技术有限公司（以下简称"华为"）等。

1. 中集的"世界级企业"战略：成为运输装备领域的世界级企业

中集将"成为运输装备领域的世界级企业"写进了自己的战略意图。从1982年制造出第一个标准集装箱，到在全球标准集装箱、冷藏集装箱和罐式集装箱市场占据垄断性的市场份额；从2004年成为集装箱行业的世界级企业，到成为登机桥和专用车行业销售量最大企业，中集演绎了一个企业逐步成为"世界级企业"的成长路径和战略选择。

一是成本管理。从1980年到1990年，中集经历了从濒临破产到强劲回升的10年。可是，即使处于破产边缘，中集依靠1万个标准集装箱的生产能力，在成本与质量管理能力上依然练就了自己的竞争优势。迄今为止，这种在困难时期建立起来的管理能力与价值观念，被多次转移到相关产品领域，并在转移过程中得到强化。

二是治理结构。1990年中集利用市场机遇和成本优势，吸引了中国远洋运输公司的投资，进行了股份制改造，形成了"两大国有股东各占45%

股份，国外企业和企业员工各占5%股份"的股权结构。现在，中集国有股份被逐步和对等地稀释到了17%以下，而自然人拥有的股份比例则进一步上升。这种治理结构的优势让中集在过去20多年的时间里能够获得政府支持、避免政府干扰，在保持持续高增长的同时，没有走上不相关多元化的道路。

三是融资能力。中集凭借特殊的机遇与地理位置上的优势，在1993年至1994年就成功上市，获得了其他中国同行业企业所不具备的持续融资能力。中集在实施高度集中战略的过程中，合理利用这种能力，在发展的各个关键阶段上都能拥有充足资金实施成本和创新战略。

四是网点分布。自1993年以来，中集充分和及时地利用资本市场上的融资能力，先后收购兼并了八九个中国沿海重要码头旁边的标准集装箱和冷藏集装箱企业，在中国和全球集装箱行业最为关键的网点上建立了无法比拟的优势。网点分布上的优势，强化了企业在物流成本上的优势。

五是采购成本。在这方面，不仅形成了生产网点优势，中集还对收购后的企业实施了"主要原材料采购的整合和统一"，从而具备了采购规模的优势。后来，企业进入的登机桥和专用车行业与其原来的集装箱在基本原材料上相同，让中集在主要原材料采购方面的规模经济和范围经济效益优势不断强化。

六是在全球营销。在连续进行横向收购的过程中，中集对所有集装箱制造企业的营销进行了整合与统一管理，形成了对市场的控制和营销上的范围经济效益。

七是购并整合能力。在连续从事横向收购和整合多家同行企业的过程中，中集在购并和整合能力上形成了独特优势，在后来的产品多元化和国际化发展中发挥了非常重要的作用。

八是技术创新。凭借高度专注和巨大的经营规模以及良好的融资能力，中集能够了解整个行业的技术发展趋势，能够在研究开发方面进行大量投资，形成了不错的消化、应用、创新的能力，构建了企业的技术创新优势。中集之所以具有技术创新优势，一方面在于成本创新能力，即公司从国外引进产品或者技术之后，总会想办法通过创新降低成本增加自己的国际竞争力；另一方面在高技术和专门化的高端产品领域，中集主要通过制订行业标准和设置技术障碍来建立自己的技术创新优势。

2. 华为的"世界级企业"战略：积极创新、全球化水准、价值观力量

华为是一家生产销售通信设备的民营通信科技公司，正式注册成立于1987年，总部位于中国深圳市龙岗区坂田华为基地。如今华为的员工约有16万名，进入世界500强第285位，营业收入395亿美元，净利润34.7亿美元，进入140个国家市场，市场占有率16%，海外营收占65%，是一家竞争力强大的公司。

华为的"世界级企业"战略选择体现在以下3个方面：

一是积极创新。华为从创立之日起就坚持将销售额的10%以上投入研发，曾长期主管研发的常务董事丁耘说"低于10%我是要被砍头的"。华为在全球共有15个大研究所，人数少则1000多，多则10000多。遍布全球的研发团队，始终紧盯着主航道，确保华为不在非战略竞争点消耗战略竞争力量。

二是全球化水准。华为能够在全球170个以上的国家和地区设立自己的市场，进行研发布局，原因主要在于华为在企业制度和流程体系方面拥有全球化的水准。从1996年开始，20多年来华为支付给美国多家咨询公司，包括德国、日本、英国等各类顾问的咨询费高达几十亿美元，请来了世界上最好的老师。最重要的老师是IBM，帮助华为构建了研发、供应链、财经、人力资源、市场等方面的制度和流程体系，奠定了华为走向世界的战略根基。

三是价值观力量。华为之所以能够从一个"四无"（无资本、无技术、无人才、无管理）的小公司，迅速成长为全球行业领导者之一，根本原因在于核心价值观的牵引和有效落地。华为的核心价值观共有三句话：以客户为中心，以奋斗者为本，坚持艰苦奋斗。

华为是一个中国的非上市的、民营的、高科技的有限公司，之所以能成为世界级企业，是因为它做了很多努力：第一，华为找到了中国企业的成长之路，包括商业模式、经营模式、运营流程、内在机制和管理体系，在中国建立起可复制、可延展、可持续、可衡量、可视的管理平台体系。第二，华为成功探索出 IT 企业的企业价值观体系、战略管理体系、研发管理体系、市场营销体系、干部管理体系、人力资源管理体系、财务管控体系、供应链体系。第三，在任正非的领导下，华为走出了一条国际化的道路，成功地迈出了由"活下去"到"走出去"，再到"走上去"的道路。第四，华为的人力资源管理体系走出了自己的一条路。华为在管理知识员工、激励和约束知识员工、回报知识员工和建立分享知识的管理平台中，真正实现了对知识员工高效、有效的管理。第五，华为在中国企业文化建设上开启了先河。1998 年出台的《华为基本法》是中国企业在改革开放初期的第一部企业管理"宪章"，引领了中国企业的企业文化建设、机制建设，纲领性的愿景，使命建设实践，在这个意义上，华为开启了先河。第六，华为成功探索出具有中国特色的与国际接轨的一套体系，创造性地解决了国际先进企业管理模式如何在中国成功落地的难题，实现了国外先进管理体系的中国化。华为引进了大量的管理方法，率先将 IPD/ISC/IFC/CRM 引进到中国，并实现落地。这些先进的管理方法在中国被验证，华为是第一家。

中集和华为的成功实践告诉我们：企业的"世界级战略"必须注重高度集中、取舍清晰、持续改进，才可能将劣势转变为优势，将短期优势转变为长期优势。这一点，对于资源、能力和经验都相对不足的中国企业来说具有重要的指导意义。

第二章
从世界级制造到世界级企业

"世界级企业"(World Class Enterprise)的概念最早来源于"世界级制造"(World Class Manufacturing),正是世界级制造理论的兴起和实践,使全球众多企业关注"世界级",并以此为目标拉动企业的战略确立和可持续发展。

一、企业经营的根本：流动性

说到企业经营，不能回避的一个原理性问题是："企业是如何创造利润的？"这个问题的答案有很多，概括起来无非两大类：一类是通过经营要素（输入）实现利润，如技术、人才、设备等；另一类则是通过经营目标（输出）实现利润，如产品、服务、品牌等。

企业经营是一种投资行为，创造利润只是外在表现，其本质是资金增值。无论是新创立的企业还是新收购的企业，开始都需要一大笔的资金投入，一部分用于硬件和软件的建设，另一部分作为流动资金——"流动资金"就是要流动。

1. 企业通过资金的流动性获取增值

实际上，企业从接单到收钱之间是有时间差的：无论是有形的产品还是无形的服务，最理想的状态都是钱货两清：有形产品在交货时发生权属（物权）转移，同时产生债权/债务关系。但是，为了得到有形的产品或者无形的服务，企业都要事前投入资金，这部分资金的来源就是企业预备的流动资金。

举一个数字化的例子。企业接到一个500万元的订单，并不需要投入500万元，而是花了200万元购买原材料，在生产过程中还要消耗水电气能源、人工费用、设备折旧等，又花了300万元就把这个订单做完了，之后收回货款500万元。接下来核算这个订单效益，即收入500万元、支出300万元，毛利200万元、毛利率为40%。

但是，从资金增值的角度看这个订单，结果会完全不一样：投入300万元流动资金，滚一圈之后变成收入500万元，增值了200万元，资金增值率约为66.7%。

现在把资金增值能力与资金流动速度对接起来：企业运营中有一个非常重要的指标——交货周期（Delivery），指的是从接到客户订单到交货后把钱收回来的天数，假设上述案例的交货周期为30天，这就意味着这300万元流动资金在一个月只能滚动1次（一年只能滚动12次）、增值200万元、资金增值率约为66.7%；如果企业针对从接单到回款的整个订单执行流程进行精益革新，把交货周期由30天缩短到15天，同样300万元流动资金在一个月就可以滚动2次（一年就可以滚动24次）、增值400万元、资金增值率约为66.7%×2；如果通过流程再造把交货周期由15天缩短到7天，同样300万元流动资金在一个月就可以滚动4次（一年就可以滚动48次）、增值800万元、资金增值比率为66.7%×4。而不论交货周期怎么变化，从毛利率的角度计算都是不变的，也就是40%。

也就是说，在毛利率不变的情况下，如果能够把交货周期缩短，企业的盈利能力可大幅度提升。从根本上看，这个交货周期就是企业资金流动速度的最直接经营指标：交货周期越短，说明企业资金流动速度越快、资金增值能力越强；反之亦然。这也从根本上说明了为什么那么多日本企业在狭小的厂房里能创造出那么高的人均年销售额，创造出比一般国家企业高得多的人均年利润。所以，企业要非常重视资金流速度，只有每年不断缩短交货周期、满足客户需要，才能持续提高企业的盈利能力。

2. 产品是资金的化身

企业通过资金实现增值，具体来说是通过资金的流动性实现增值，流动资金在企业运营中的化身，就是以订单执行流程中不同阶段的产品形态：从外购的原材料、辅助材料、零部件，到生产过程中的半成品（在制品），再到最终的成品，这些看起来的"物"其实都是公司投入的"钱"。

既然资金流动速度很重要，让上述化身快速流动就是业务人员的使命：上述"物"一旦处于等待、停滞、库存的状态，就意味着停止了流动，停止了流动即意味着停止了增值——这些"物"是钱买回来的，库存意味着停止了将"物"又转化为"钱"，而不动的"物"又有贬值、损耗、被盗等风险。

要改善企业流动性，就要想尽一切办法消除订单执行过程中的等待、停滞、库存等现象，竭尽全力地消除这些浪费：例如原材料库存多，就要想办法优化供应渠道、缩短采购周期，满足同样的产量也就不需要那么早、那么多地提早采购了。如何推进这些改善，这就是丰田创造的精益生产的内容。丰田创造的这套准时制生产方式，被美国人称为"精益流动术"。

哪怕是利润率低一点，只要交货和回款足够快，快速的现金流动也可以为企业创造客观的经济收益。

曾经有企业家在日本研修时与我讨论这样的问题：他们公司的主营业务是被称为"最后一公里"的电信工程，目前的客户都是国有企业，好处是工程标的大、很诱人，缺点是隐性成本高、毛利率低、回款周期长，公司正在考虑增加一部分民营企业的客户，虽然工程标的小，但是毛利率高、回款快，可是做惯了大项目，很多同事似乎又瞧不上小项目。我说，关键在于通过优化项目保持一个合理的结构，不要被表面的项目收益所迷惑，从现金流和资金增值的角度判断，过去依靠国有企业的大项目获得了成长，到了新的阶段，企业资金负担越来越重的时候，一定要及时优化客户结构，抱着过去的成功、躺在老客户身上睡大觉，或畏首畏尾不敢改变，你就被老客户绑架了。所以，无论如何，企业都要通过精益革新甚至是智能化制造，最大限度地缩短交货周期，创造行业内的突出优势，所谓天下武功唯快不破，交货周期短的企业，可以抓快单、抓急单、抓插单，往往这些单都是对价格不敏感至少是不那么敏感的。

3. 流程是资金流动的载体

产品是资金的化身,产品流动被称为"物流",那么产品在哪里流动呢?

我们看得到的产品流动表现在供应商给企业送货,表现在企业内部从仓库到生产线配送物料,表现在生产线上的物料流动过程,还表现在成品入仓以及发货、运输给客户。其实,除了这些看得见的物料流动过程,还有不容易被看见的无形的部分:从接收客户订单到做生产计划、物料需求计划,到给供应商下采购订单,到计划执行和进度管理……这个整体流动的过程,我们称为"流程",也就是说产品是在业务流程中流动的,只有流程才能拉动资金流动、实现资金增值。

不论企业是什么样的行业形态,给企业带来资金增值的都是两大核心业务流程:产品开发流程和订单执行流程。产品开发流程从市场当中来、到市场当中去,即根据市场调研规划新产品,对新产品进行企划、设计、试生产,最终将新产品推向市场。订单执行流程从客户当中来,到客户当中去,即接受客户订单后编排生产计划、采购物料、进行生产准备,之后组织生产、质量保证,最终将合格的产品配送、交付给客户。

而上述物料流动的过程,主要是指订单执行流程,实际上,物料流动还发生在产品开发流程。

需要提醒的是:产品开发流程虽然可以拉动资金流动,却不能实现资金回流。它只是单向的资金投入,并不能实现正向现金流,也就是不能实现资金增值——产品开发流程要实现资金增值,必须通过订单执行流程。所以有人说产品研发是"烧钱"的活儿。如果研发水平高、新产品适销对路甚至是"爆款",则可以在订单执行流程中得到高额回报;如果研发水平低,新产品缺乏竞争力,研发费用就付诸东流了。

产品是有生命周期的，如果没有持续的新产品开发和上市，企业就会慢慢失去产品竞争力，订单执行流程就会枯竭。所以，产品开发流程是订单执行流程的源泉，虽然不能直接实现资金增值，产品开发流程却是企业的生命力所在，务必非常重视。

有的时候，企业的产品开发流程和订单执行流程是相对独立的。新产品开发完成之后再进行销售、接单，例如全新家电产品的开发和销售。很多的时候，企业的产品开发流程和订单执行流程是交织在一起的，即根据客户的需求提交定制方案，接单后进行产品开发和生产、交付，例如针对汽车企业的焊接机器人（智能化焊接生产线）业务。

4. 流动性管理是提高企业增值能力的核心

聚焦核心业务流程开展经营和管理，从市场中来，到市场中去，从客户中来，到客户中去，为了提高经济效益，重心放在改善企业的流动性。

提高产品开发流程和订单执行流程的流动性，根本性的问题是要缩短周期，包括产品开发周期和订单执行周期（交货周期）。这两个周期都是前置时间（Lead Time）的概念，即为了在某个时间点得到某个结果（输出），考虑一系列工作（输入和加工过程）都需要花时间。所以需要提早（前置）启动该项工作，这个时间提前量就是前置时间。例如，为了在元旦推出一款全新产品，因为这款新品开发需要花6个月，所以这项工作务必在7月1日启动。客户要求我们8月14日交货，因为从接单到交货需要花25天，所以客户最迟必须在7月19日正式下单。

通常，我们把前置时间也称为"周期"，简称"D"（Delivery）。显然，如果能够将周期（前置时间）缩短，企业的资金流动就会加快，增值能力自然提高。而周期（D）是由企业的运营效率决定的，通过工业工程（IE）、价值工程（VE）、统计技术（ST）和信息技术（IT）等流程优化技术可以提高效率、缩短周期（D），同时需要做到的是：只有保证安全

（S）、提高质量（Q），才能真正缩短周期（D），最终实现总成本（C）最低。也就是说，不只是对订单执行流程要管理QCDS（质量、成本、交期和安全环保职业健康），对产品开发流程也要管理QCDS（研发质量、研发成本、研发周期和产品的安全环保职业健康）。

所谓的企业经营，就是打开门来做生意、前瞻性地做变革，面向市场和客户，不断地优化主营业务结构、客户结构和产品竞争力，重点表现在扩大销量和提高价格的开源方面。

所谓的企业管理，就是面向市场和客户，对产品开发流程和订单执行流程不断进行优化甚至再造，通过一次又一次的业务拉动，不断提高两大核心业务流程的有效性，重点表现在确保安全、提高质量、缩短交期和降低成本的节流方面。

5. 流程中的四个流：信息流、工作流、物流和资金流

在企业运营层面，聚焦两大核心业务流程展开经营管理活动，其着力点又是在哪里呢？从前面的分析可以知道，要加速资金流动，一定要提高企业物流速度。如果要加速物流，应该怎么做呢？

流程是指向性的，流程的根本在于流动。任何流程当中都有四个流：信息流、工作流、物流和资金流。它们之间的关系是：信息流拉动工作流，工作流拉动物流，物流拉动资金流。

针对企业核心业务流程管理，其本质就是通过加速信息流动达到加速资金流动，这四个流是提高企业增值能力的着眼点和着手点。

先说说信息流。企业并不缺信息，无论是内部信息还是外部信息。关键是对信息的选择、加工和运用，这取决于信息的获取和处理。企业要加速信息流动，就要从战略和经营的高度确定从业务层（一线）到管理层（中层）再到经营层（TOP）要获取哪些信息，以支撑经营决策、推动管理改善。这就是信息系统建设承担的使命：通过信息集成加速信息流动。

信息流拉动工作流。所谓工作流，就是基于信息由后（市场和客户端）向前（企业和供应商）的流动，拉动相应工作的启动、实施和输出。例如，客户需要某产品，通过下单拉动完成品的组装，完成品拉动部件组装和零件加工，企业内生产拉动供应商生产。这就是拉（Pull）式思维。

与之相反的是传统的推式思维。客户下单之后先做生产计划和采购计划，之后供应商生产、送货，接着是零件生产、部件组装和完成品组装，最后向客户出货——因为每一个阶段的工作都需要等待前一步做完才能启动，前一步做完了后一步再开始。这样的状态被称为"推动（Push）式"，简称"推式"。

单纯从文字描述上并不能完全区分企业是拉式生产还是推式生产，到了具体操作上就可以清楚地看出不同：企业在接到客户订单之后如果可以立即进行完成品的组装，这就是拉式生产；如果需要等待半成品加工完成才能进行完成品组装，这就是推式生产。

例如，麦当劳和真功夫就是典型的拉式生产，一般上菜快的餐厅也都是拉式生产，根据需求预测进行材料和零件的库存规划和备货，这是实现拉式生产的重要条件，动态的库存管理能力也是拉式生产的必备能力。显而易见，只有必要的信息有效地流动到了合适的地方，相应的工作才能发生，按照业务流程前后相关联的一项项工作发生，才能得到最终向客户端的输出。可是，就算是有效信息到了，如果某个环节的工作速度慢、工作质量低，也会影响整体的流程效益。

工作流拉动物流。无论是基于服务的制造（如麦当劳和真功夫）还是基于制造的服务（如空调售后维修），在运营层面，不是源于客户端的需求信息所发生的工作流和物流就可能造成库存等浪费，从整体、结果上抓工作的流动性就显得非常必要，因为工作流发生后，物料（产品）自然就流动起来了，物料（产品）流动加速了，资金流自然就快。

6. 从供应链整体抓四个维度的流动性

现代企业竞争已经从单个企业之间的竞争上升到了供应链之间的竞争。自然，从追求局部最优到追求整体最优的高度，企业核心业务流程应该覆盖整个供应链，旨在提高流动性的针对信息流、工作流、物流和资金流的设计和优化，也要针对整个供应链展开。

供应链的后端，企业要关注到分销渠道、客户的客户，一直到最终消费者。例如，做化妆品包装材料的企业一定要关注到化妆品OEM厂家、品牌企业，还要关注到最终消费者，一代又一代年轻消费者的更替，对产品包装、外观和内容物的需求都是变化的，包材厂家解决的不只是包装问题，而且要从工业设计、容器结构等方面下功夫，在开发和设计阶段就把高附加值的包装方案融入到品牌企业的新产品企划当中。

供应链的前端，企业不但要关注到供应商，还要关注到供应商的重要供应商，甚至要关注到原材料的国际市场。例如，石油价格的波动可能影响到某些外购件和外协件的成本、供应周期和供应能力，企业只有综观全局、与供应商联合应对，才能确保对后端的保障。

7. 应对环境变化，才能提高流动的有效性

关于经营，有多种多样的理解。最直接的理解，经营是打开门来、面向市场抓运营；是以年度为单位抓收、支、利润，所以要以开源为前提、以节流为基础；经营就是应对变化，只有应对变化，才能将计划变成现实——计划是过去做的，现在的状态一定是有一部分与过去的预计一致、有一部分与过去的预计不同。

综合来看，所谓的经营，就是企业在销、研、产构成的运营层面抓现金流，其本质是在变化的市场环境、变化的客户需求中通过应对变化获取业务机会、加速资金流动。

例如，既有客户经常要求企业插单，插单会影响生产效率、打乱既有

订单计划，要不要接受插单？是保住一个战略客户，还是保住多数重要客户？当插单成为常态怎么办？这些看似两难甚至无解的问题，就是企业制造竞争力的根本问题——建立常态化插单的生产模式、不断缩短紧急交货周期、全面提高一体化的市场响应能力。做到了这些，企业自然就能在竞争中脱颖而出，不但满足既有客户群体的要求，还具有快速开发优质客户的能力。

应对变化务必成为企业全员的常态思维，面对变化时才能接受变化、积极想办法，才能抓住变化带来的各种机会。这是新时期企业必须做的工作观教育。

企业要有效应对环境变化，首先要把不变的部分做好，也就是面向3年至5年的中期发展目标，构建支撑其实现的流程、组织和运营机制，包括应对变化的机制——这样的企业模式在标准化方面做得越好，越能有效地应对外部变化。

应对环境变化，首先是要感知和洞察外部变化。从社会发展的角度感知已经和正在发生的变化，例如高龄化、少子化、移动化的社会趋势等。

二、世界级制造的理论起源

300年来，人类的制造技术取得了巨大的发展。18世纪中叶从手工作业到动力技术的突破开启了人类社会的工业化，机械化加电气化技术催生了人类制造业；20世纪的机械技术、机电自动化技术，以及随之出现的大批量生产模式（见图2-1）、机械制造业成形，加速了制造业的发展；从1946年电子计算机问世到20世纪80年代后期，以计算机辅助制造（Computer Aided Manufacturing）为标志的第一波自动化制造达到顶峰；

数字化技术出现之后,人类社会掀起了第二波自动化浪潮,随着互联网(Internet)和信息技术(Information Technology)的发展和融入,美国联邦政府于2013年推出了先进制造技术(Advanced Manufacturing Technology)计划,极大地推动了制造技术的突破,随着物联网(Internet of Things)技术、人工智能(Artificial Intelligence)和云计算(Cloud Computing)技术等突飞猛进,制造业的形态随之发生巨大变化,先进制造业(Advanced Manufacturing)渐露雏形,智慧工厂、智能化制造逐步清晰。

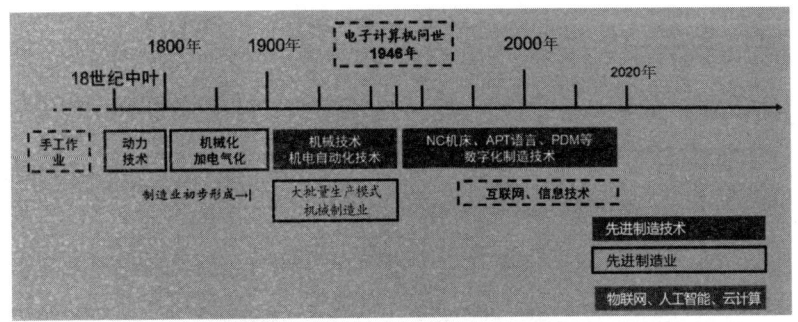

图2-1 制造技术300年发展历程

伴随制造技术的发展,制造业的管理技术、理论和模式也开始进化(见图2-2)。

19世纪80年代,美国学者泰勒(Frederick W.Taylor)和吉尔布雷斯(Frank B.Gilbreth)从动作分析和方法改善着手,开创了工业工程(Industrial Engineering)的先河,1908年福特公司第一条流水线生产,标志着工业工程的诞生;20世纪20年代,美国企业开始把统计抽样应用于预见性的质量管理,统计技术(Statistical Techniques)逐步发展为三大管理技术(IE、VE和ST)之一;1947年,美国通用电气(GE)采购主管迈尔斯发表了名为《价值分析(Value Analysis)》的文章,开启了价值工程(Value Engineering)这一技术和学科。

20世纪50年代,通用电气质量专家阿曼德·费根堡姆(Armand Vallin Feigenbaum)提出全面质量管理理论(Total Quality Management)。

60年代初，美国管理大师菲利浦·克劳士比（Philip Crosby）提出零缺陷管理理论（Zero Defect），1965年英国的Molins公司提出柔性生产概念（Flexible Production）。随着日本在第二次世界大战之后的经济崛起，以准时制生产（Just In Time）为目标的丰田生产方式（Toyota Production System）在全球制造业创造了非常大的竞争优势，在美国市场对美国企业造成了巨大冲击。80年代中期，全球开始推行质量体系认证（ISO）。1998年，美国摩托罗拉公司和通用电气公司的六西格玛（6Q）质量管理模式成形。

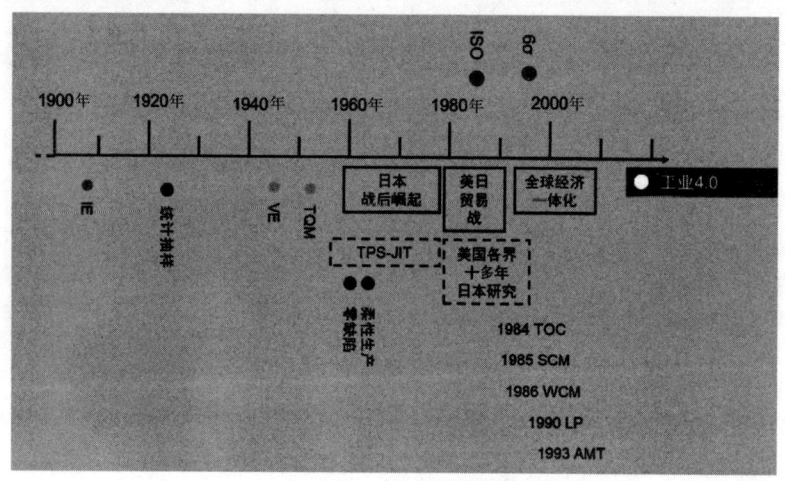

图2-2 制造管理百余年发展历程

自20世纪80年代初期开始，美国和日本进行了长达十多年的贸易战，同时，美国官产学各界对日本模式进行了十多年的全面深入研究，据此提出了一系列的管理理论，作为再造美国产业竞争力的强大指引。1984年，艾利·高德拉特（Eliyahu M.Goldratt）提出了约束理论（Theory of Constraints，也称"瓶颈理论"）。1985年，美国学界提出了从纵向一体化向横向一体化转变的供应链管理思想，逐步发展为供应链管理（Supply Chain Management）理论。1986年，世界级制造思想（World-class manufacturing ideas）横空出世。1990年，美国麻省理工学院的国际汽车研究项目发表成果报告，在其出版的《改变世界的机器》一书中提出了精益生产理论（Lean Production）。

1993年，美国联邦政府启动全面超越日本、在全新层次创造美国产业优势的先进制造技术（Advanced Manufacturing Technology）计划。

"世界级制造"是由美国学者理查德·施恩伯（Richard Schonberger）在1986年首创的一个术语，是在研究丰田生产方式之后提出一整套企业运营管理的思想、方法和工具体系。

1. "世界级制造"的提出

20世纪70年代到80年代，由于美国经济受到日本冲击，工业霸主地位不复存在。从80年代到90年代，美国研究和效仿日本制造技术并创新，提出了三大理论：一是最彻底的革命理论，即业务流程再造（Business Process Re-engineering，BPR）；二是持续渐进的改善体系，即精益生产（Lean Production，LP）；三是着眼于世界级水准的系统能力建设，即世界级制造（World Class Manufacturing，WCM）。

美国华盛顿州立大学教授理查德·施恩伯最早研究日本经济崛起经验，从20世纪80年代到21世纪初，二十多年中一直是先进制造理论最敏锐的先知、新管理方法的开路先锋。1982年，他发表《日本制造技术：简化技术的9项秘诀》（*Japanese Manufacturing Technology：Nine Hidden Lessons In Simplicity*），这是西方最早全面介绍日本成功经验的著作。1986年，施恩伯教授发表了《世界级制造Ⅰ：简化技术应用的经验》（*World Class Manufacturing I：The Lessons of Simplicity Applied*）的著作，创造了"世界级制造"的术语和概念。这两部著作实际上是一个内容：介绍和推广日本的制造技术——当时他称之为"简化技术"（simplicity）。他将当时的日本生产方式定位为"世界级制造"，成功实施日本简化技术的企业是"世界级制造企业"。1987年，他又发表了《世界级制造案例：实施JIT和TQC》（*World Class Manufacturing Casebook: Implementing JIT and TQC*），主要对实现世界级的方法进行补充。十年之后的1996年，他的又一部世界级著作《世界级制造Ⅲ：今后十年》(*World Class ManufacturingⅢ: The Next Decade*)问世，从而铸就了施恩伯"世界级制造"的基础理论。

施恩伯教授认为，日本成功的动力是以准时生产（JIT）和全面质量管理（TQC）为核心的简化（或称"合理化"）技术：实行JIT和解决过量库存问题，TQC和企业的持续改进，生产过程的简化，使产品像水一样流动、简化工厂的结构——打破部门之间的壁垒，生产设施柔性化，职工参与，等等。他对日本制造技术的认知为他提出世界级制造理论提供了重要的思想原则和方法，是向"世界级制造"概念迈出的第一步。依据世界级企业准则，按照准则矩阵要求规划自己的改进步骤，走精益的道路，持续不断地改进，最终达到世界级水平的高境界，从而使企业成为"世界级制造"。

世界级制造企业是对客户高水平服务的组织，能够快速灵活地响应客户的需求，为客户提供质量更好、价格更便宜的产品和服务，并且能够持续不断地改进这些能力。

2. 世界级制造与精益生产同根同源

世界级制造与精益生产是同根同源的关系，它们之间是有内在联系的：客户立场和持续改进是它们的共同特征，简化技术是二者共同重视的"因"（方法），精益是其"果"（目标）；而世界级制造则站在世界级水准的高度看待精益追求的更高境界。

在客户立场方面，精益生产以客户的观点定义价值，用客户需求拉动价值流。世界级制造认为：判断企业成功的两个根本是库存周转和客户满意度。"财务数据并不是评价企业经营状态的最好的指标，而诸如库存周转率、客户满意度等基本指标会更加有效"，这是世界级制造评价企业是否健康和成功的关键因素。测量客户满意度的指标则是客户最敏感的四项要素：QSFV。其中，Q指的是Quality，代表质量；S指的是Speedy

Response，代表响应速度；F 指的是 Flexibility，代表柔性；V 指的是 Value，代表价值。

在持续改进方面，精益生产通过持续不断的改善朝着尽善尽美的方向前进，小步快跑的改进方式是精益的特征之一，世界级制造强调更快、更高、更强，重视持续和及时的改进。世界级制造成为组织和激励企业永不满足和不断进步的概念，而不是某项"世界第一"的现状，这是理解世界级制造概念的关键。

3. 世界级制造推动世界制造业的进步和发展

世界级制造体系包括一组以 JIT 和 TQC 为主的简化技术、库存周转分析和持续快速改进等改造传统管理模式的理论和方法；一套引导企业管理进步的准则矩阵；大量基于制造业最佳实践的标杆数据和一套企业业绩测评方法。其要点可概括为：（1）客户至上、持续和快速改进；（2）一套为世界著名企业共同追求的世界级企业评估标准；（3）企业对自己进步的测评和鞭策，而非谁是第一、第二；（4）作为同类先进管理理论特别是精益思想的汇总应用；（5）WCM 理论正在不断发展，正走向与精益融合的新阶段。

实际上，日本制造业对美国经济造成巨大冲击后，有关日本企业运营的优势研究有两大成果：一是精益生产，二是世界级制造。

由于精益生产的理论体系成形于 1990 年，而世界级制造虽然早于精益生产提出，但它的理论体系一直到 1996 年才基本成形，所以，相对于世界级制造，精益生产在全球的传播和推广要更广泛。

近 20 年来，WCM 对北美和欧洲企业的复兴和繁荣起着重要的作用，最近又瞄准了发展中国家的企业在进步中的问题，推动着世界制造业的进步和发展。

三、区别于精益生产：世界级制造以提高流动性为核心

1. 库存周转对企业发展的战略作用

与精益生产相比，世界级制造更加强调库存周转的作用，两者在库存周转率（Inventory Turn Over，ITO）的定义方面有根本性的差别，对库存周转率的重视程度也不同。精益生产是从企业运营层面看待库存周转的，而世界级制造则从战略高度看待库存周转，从这一点来看，不能不说世界级制造是对精益生产的一种超越。

精益生产关于库存周转率的定义：ITO= 年度产品销售收入总额 ÷ 企业当年平均库存金额。其中，年度产品销售收入总额是指核心企业的销售收入，并未考虑在经销渠道尚未实际销售到最终顾客的待销售部分，实际上这部分金额对当年度来说是无效收入。事实上，不少实施精益生产的企业都存在把库存压到供应商、在年度结算日到来之前向经销渠道压货的现象，这在更大程度上降低了库存周转率的可信度和战略参考价值。所以，精益生产的库存周转率的业绩结果仅仅代表的是核心企业的库存周转率，由于产品的销售收入相对于其实际材料成本有放大作用，所以这个指标是有水分的。

而世界级制造关于库存周转率的定义：ITO= 年度销售产品对应的成本总额 ÷ 当年平均库存金额。其中，当年平均库存金额是指包括供应商、本企业和经销渠道在内的供应链整体库存金额。使用产品成本而不用销售

收入计算ITO，消除了因为市场价格波动所带来的影响；使用年度平均库存，而不用年底的库存，消除了另外一个影响因素，比如年底时经理们通常会为了一个好的业绩，而人为地减少库存。

注意，周转率会随供应链长度的变化而改变。可见，在世界级制造体系当中，ITO是衡量材料在工厂或整个供应链中流动快慢的标准。当我们把注意力从年库存周转率转移到库存周转率随时间的变化时，库存周转率将成为一个极好的测量精益转化的标准——使用年度平均库存来计算周转率，是"非常正确的统计参数"！

在首创"世界级制造"术语的施恩伯的《世界级制造Ⅲ：今后十年》一书中，作者对近50年来美国经济由衰落到复兴过程中一些重要企业的大量数据分析表明，库存周转率与企业的兴衰存在着明确的对应关系。从1950年至1975年美国企业库存周转率一直在低水平徘徊并逐年下滑的图形正好对应着被充满活力的日本企业打败的历史。同样，从1975年至1995年美国企业的库存周转率在逐年上升，此时正好对应着美国工业的恢复时期，随之美国公司又回到了世界市场中来。

对全球近500个知名企业的库存周转跟踪了10年至50年，大约有2/3的企业应用了精益制造，截至2002年的研究结果：按照库存周转的曲线的形状，施恩伯将企业分为三类，包括库存周转持续增长型、库存周转恶化型和库存周转近期增长平缓型（见图2-3）。

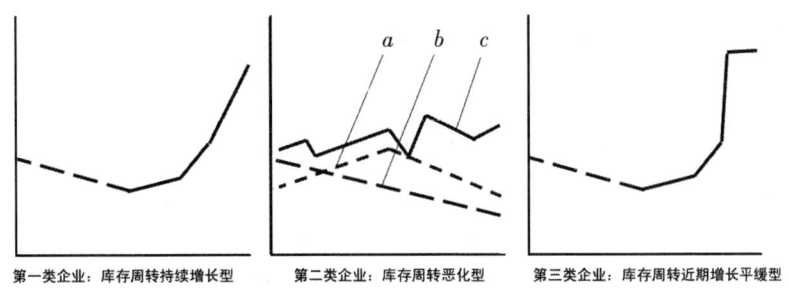

图2-3 三类知名企业的库存周转曲线

在第二、第三类企业中，有些已经被收购或合并，有些则面临破产。

美国《工业周刊》2003年3月报道，2002年丰田在逆境中创造了销售收入增长12.5%和利润增长31%的财政业绩。但是专家并不看好丰田的成绩，因为它的库存周转率在最近几年一直在11.3%左右，低于美国汽车行业的水平，而在20世纪70年代至80年代，它曾经达到60%以上。

这种新的"丰田现象"又一次引起世界制造业的关注。这个长期的世界冠军发生了什么问题？施恩伯对新"丰田现象"做了深刻的分析，他认为，除了自满和持续改进的止步，在新的世界经济形势面前，企业更关注于消除供应链之间的浪费，但这时企业并不知道怎么去做。甚至即便是有了各种协同的软件平台，因为企业间的组织和协同能力还不够，也形如一纸空文。当然丰田也不知道怎样做！所以它的业绩有所下滑。施恩伯认为Dell却知道怎样来做，Wal-Mart也知道！所以施恩伯的结论是：以丰田生产方式为核心的"狭义精益"将为"扩展精益"所替代！

与精益生产对日本生产模式的描述相比，世界级制造的思想不仅仅是个合理化和JIT、TQC等方法的推广，它着眼于整个制造过程、整个价值流的改造，起点更高、影响更深刻。"世界级制造"因其具有鲜明的挑战性和诱惑力而被企业广泛追逐。

2. 走精益的道路，迈向世界级制造

实际上，精益生产与世界级制造最主要的区别就是狭义和广义之分（见图2-4），世界级制造更强调从供应链的角度推进精益，从供应链的角度衡量库存周转率。

2010年年初，丰田汽车公司因油门踏板踩放不顺的潜在问题，决定扩大在美国市场上的召回范围：使在北美的丰田汽车召回数量上升到590万辆；丰田公司也将召回在中国市场销售的丰田进口车4万辆和国产车7.5万辆；同时，也在考虑召回欧洲市场上近200万辆丰田汽车……因油门踏

板、脚垫、安全气囊隐患等诸多原因，丰田汽车在全球掀起一股大规模召回潮，据相关统计，丰田的召回数量已超过去年销售量。

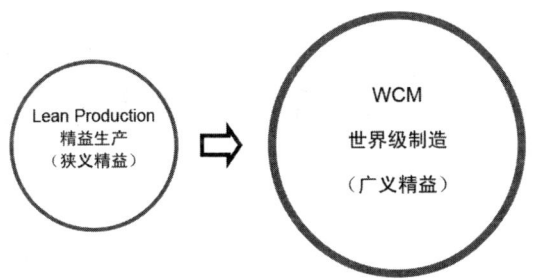

图2-4 从狭义精益到广义精益

美国东部时间2010年2月25日，丰田公司总裁丰田章男被迫出席美国众议院监督和政府改革委员会听证会，接受美国国会议员的质询……百年丰田遭遇了有史以来最严重的信任危机，一时成为全球热议的"丰田门"事件。这一事件的最终结局，出乎所有唱衰丰田模式的人所料：丰田再次成功实现软着陆，安全地渡过了这次危机。

"丰田门"后看丰田。从"忠实于"丰田生产方式原型、将消除浪费作为号召力的精益生产（Lean），到突出西方重数据、严谨和定量化的特色、以提高库存周转作为企业打拼目标、更关注于消除供应链之间的浪费的世界级制造（WCM），同根同源的世界级制造和精益生产最终融合到了一起，形成在21世纪企业竞争中获胜的新的强大武器——世界级制造将成为21世纪优秀制造的新标准。

精益是向"世界级"冲击的理念和方法，"世界级"是精益目标的引导和实施效果的度量。因此，企业攀登"世界级制造"的一条明确的道路是：走精益的路，到达世界级制造的高境界。

世界级制造的发展历程启示我们：在推广应用精益思想的同时，应充分汲取世界级制造的优势。

四、从世界级制造到世界级企业

"没有成功,只有成长",正是在这样的管理文化中,华为卧薪尝胆、潜心经营,获得了飞速发展。企业经营永无止境,最高境界就是追求长寿之道。

1. 追求卓越,企业才能持续发展

在不断变化的环境中,企业经营犹如逆水行舟,不进则退,自然也就有成长(发展)、停滞和衰退的问题,只有不断挑战,追求卓越,企业才能自我蜕变,实现持续发展。在企业经营的奥林匹克竞技场,长寿是唯一的胜出标准,竞赛永无止境。

如何追求卓越?

企业在创立的很长一段时间都是自己跟自己比的:早期是机会导向,抓住市场机会,实现基本生存;达到一定程度以后设立中期发展目标,制定业务战略,用目标引领企业发展;达到较大的销售规模之后面临增长瓶颈和风险防范的问题,唯有追求卓越才能激发内在驱动力、创造发展活力。

正所谓"每登高,必自卑"。追求卓越的前提是全员永不自满、不断设立更高的目标,因此,打开门来经营、面向未来求发展就显得很有必要,也很重要了。具体来说,除了要永远谦虚地倾听客户的声音(Voice of Customer)和老板的声音(Voice of Boss),看到客户和投资方不断提高的要求,还要看到同行、国内和全球做得非常出色的企业,看看人家是怎么做的,做到什么样的高水准,以此为目标,不断给自己设立更高的标准和要求,自我激励,砥砺前行。

最佳实践（Best Practice）和标杆管理（Benchmarking Management）是全球企业广泛使用的卓越经营方法。从内部和外部发现最佳实践、设立标杆作为追赶目标，拉动企业内部的学习和创新活动。

最佳实践和标杆管理一般包括两大方面：以最佳业绩进行标杆管理，以最佳操作方法进行标杆管理。在全球化已经非常充分的21世纪，企业的最佳实践和标杆管理要有世界性的眼光，在全球范围内不断寻找和研究本行业和行业外一流公司的最佳实践，以此为基准与本企业进行比较、分析、判断，拉动本企业不断改进，进入赶超一流公司，创造优秀业绩的良性循环。

2."世界级企业"是21世纪卓越经营的最高目标

今天的世界正在从根本上发生改变，有人称之为"范式转换"（Paradigm Shift），正如人类进入蒸汽机（燃煤）时代，电力时代和计算机、能源、新材料、空间、生物技术时代所带来的革命性改变那样，互联网和物联网带来的智能化革命正在创造着诸多前所未有、开天辟地的新事物，在颠覆性的全新机会面前，所有传统优势都清零，所有企业重新回到起跑线，开启新一轮竞争。

追求卓越、实现持续发展，除了以既有企业的最佳实践为对象实行标杆管理外，还需要大胆追求创造世界第一——在新环境下，很多领域是没有既定的标杆对象的。无论是在传统领域还是在全新领域，追求世界级都是21世纪卓越经营的最高目标。

华为在迈向世界级的过程中，通过对标美国、日本和欧洲各国企业，尤其是直接借鉴IBM、诺基亚和苹果等世界级企业的卓越实践，创造性地改造华为模式，成功地由区域市场迈入全球市场，由B端产品（信息与通信技术解决方案、通信装备等）迈入C端产品（手机、手提电脑等），由3G技术迈上4G技术。

但是，在即将到来的5G时代，一切都发生着根本性的改变。2017

年，任正非说："华为正在本行业逐步攻入无人区，处在无人领航、无既定规则、无人跟随的困境，已感到前途茫茫，找不到方向。"

追求世界级企业，一方面可以确立既有的世界级水准进行挑战，另一方面又要勇闯"无人区"，创造全新的世界级水准。世界级企业是21世纪卓越经营的最高目标。

3. 世界级制造是传统企业迈向世界级的不二途径

当前，全球出现了制造业与服务业深度融合的大趋势、大进程，无论是基于服务的制造，还是基于制造的服务，制造业服务化、服务业工业化，都是缩短客户距离、全面服务客户的重要措施，甚至出现了制造服务业的概念。

制造业服务化的好处在于：从产品生命周期管理的角度，由前段（企业端）的产品规划、产品企划、产品设计和生产、交付，拓展到后段（客户端）的使用、监控、维护、远程诊断、系统升级、改造、现场服务和报废处理等，可以更直接地接触和服务客户，通过服务提高客户黏性、创新附加价值。

而目前已经被公认为世界级的众多企业，服务型制造恰恰是它们的共同特征之一。我们甚至可以这么说：作为传统制造业，世界级制造是迈向世界级企业的不二路径。那么，如何从传统的世界级制造发展到新时期的世界级制造呢？

以理查德·施恩伯为代表的传统世界级制造理论，在技术层面是与精益生产理论高度一致的，就是通过一系列简化技术消除浪费、缩短交期。不同之处在于：世界级制造以世界级水准，从整个供应链的角度追求企业的流动性。

2014年之前，零牌顾问机构在与世界级企业互动以及辅导中国企业推行世界级制造的过程中，对世界级制造的定义有所拓展，在本书的第一版也就是《中国制造的世界级战略》(中华工商联合出版社,2013年7月第一版)一书中,我们把世界级制造归纳为四大特征:精益生产、精品质量、服务型制造和世界级品牌。

2013年4月,德国提出了工业4.0的国家战略;2014年12月,中国提出"中国制造2025"这一制造强国战略。自此,全球产业界掀起了一股基于工业4.0理论的创新、创业和企业再造浪潮,基于单件定制的大趋势,依托风起云涌的互联网、物联网、大数据和智能化技术突破,世界级制造的现实实践也正在发生前所未有的变化。

基于此,零牌顾问机构在近几年的实践中,把世界级制造的四大特征调整为智能化制造、精品质量、服务型制造和世界级品牌(见图2-5)。

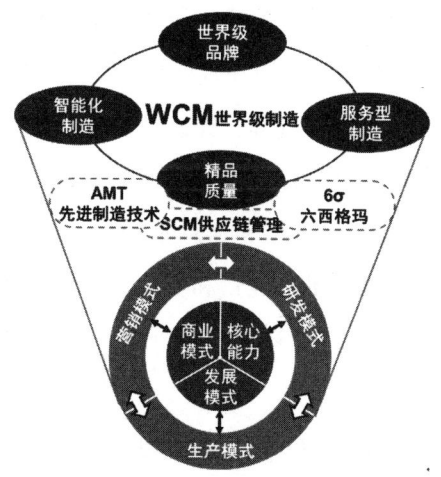

图2-5　世界级制造的四大特征

4. 企业管理成熟度是迈向世界级制造的基础

2018年12月,零牌顾问机构邀请40年全程参与松下全球信息系统建设和再造的退休专家大羽武志先生为中国企业家授课,大羽武志先生非常强调企业管理的成熟度和精度:年营收1亿元、10亿元、100亿元和1000亿元的企业,在业务流程、企业平台、战略管理和经营机制等方面的成熟度和精度是完全不同的，那种见招拆招式的应变很难把企业做大、做强。

一般来说，一种管理模式只能支撑一定限度的营收规模，例如：年销售收入达到1亿元左右时感觉增长乏力，只有改变其管理模式才能做到1亿元或5亿元；企业做到5亿元规模的时候，面临的就是如何围绕10亿元营收规模构建新的模式；做到10亿元规模的时候，就要寻求突破30亿元规模的新模式……

所谓管理的成熟度，就是企业是否有基于自己的假设、逻辑而建立的一套有效运作的机制，这套机制越成形、越有序、越有效，说明企业的管理成熟度越高，越能有效应对环境变化。

根据我十多年对中国企业成长性的观察，做到10亿元以上营收规模的企业，都有其成形的战略管理模式，虽然战略管理的质量有参差，但是一定有其基本的假设、逻辑、结构和管理机制。

管理成熟度并不限于战略管理，还涉及企业文化、流程、组织、治理结构和品牌建设等顶层设计，以及运营层面的营销管理、研发管理、生产管理、财务管理、人力资源管理和信息系统等方面，企业用什么样的模式、指标系统和改进机制来推进经营和变革。管理成熟度越高，企业越容易发现经营不善的问题点，越知道一旦外部环境发生变化企业应该如何应对。

管理成熟度就像是企业的心智模式，企业基于自己的认知框架对外部环境及其变化进行观察，根据自身的思想路线对观察到的现象赋予意义，根据自己的行动导向进行应对设计，基于设计采取组织化的行动。

企业的心智模式如同一个"滤镜"，会影响人们"看见"的事物。不同心智模式的人在观察同一事物时，往往会有不同的感受或得出迥然不同的结论。基于从外部世界获取信息，企业对其进行解读，做出合理的假设、想象，并按照自己的规则或逻辑进行推论，从而做出判断和决策。企业的心智模式不仅决定企业作为一个整体（法人）如何理解世界，而且决定它如何采取行动，在成长和发展心智模式的过程中，企业会逐渐总结规律、发现模式，形成一些对世界概括性的看法，即企业的价值观和世界观，进而影响企业的战略判断和应对行为。

个人的成长本质上是身心共进的过程，其本质是心智不断成熟。企业也一样，只有管理成熟度不断提高，才能支撑企业做强、做大、做久，实现可持续经营。管理成熟度是企业迈向世界级制造的基础。

5. 核心能力、商业模式和发展模式是迈向世界级制造的核心层

为了提高企业的管理成熟度，迈向世界级制造，企业必须构建自己的核心能力、商业模式和发展模式。

核心能力是企业内部掌握的一系列独特的技能和知识，使一项或多项业务达到世界一流水平。核心能力并非就是核心竞争力，前者是后者的源泉。根据美国麦肯锡咨询公司的观点，核心能力由洞察预见能力和前线执行能力构成。例如，日本丰田汽车的核心能力是企业进化能力，核心竞争力是外在的，核心能力是深层次的。松下（中国）前总裁、零牌木元塾塾长木元哲先生说："美国人把丰田生产方式向全世界宣传推广，丰田也将自己成功的秘密公之于众，全球企业都在学习丰田的精益生产，为什么没有同行超越它、打败它呢？因为今天的丰田已经不是昨天的丰田，在我们学习丰田到一定程度的时候，丰田又进化了。这就是企业有机体的自组织力。"

商业模式是企业通过什么途径或方式来赢得客户、服务客户和创造价值，包括客户价值主张、盈利方式和企业资源、能力。企业只有通过商业模式确立自己的与众不同，提高行业的进入门槛，基于无形的市场壁垒，才能保证在一个阶段的持续盈利能力。

日本早稻田大学商学院教授黑须诚治以日本搬家公司为例解读商业模式。传统的搬家公司仅仅是搬运家具，在当今社会，仅仅搬运家具是无

法实现销售增长的，所以必须考虑如何扩大业务。怎样通过系统思考方法（目的－功能展开法）找到搬家公司新的商业模式呢？黑须诚治教授以某搬家公司的转型案例进行了解剖：

问：搬家公司是做什么的？

答：搬家公司是搬运家具的。

问：客人为什么要搬运家具？

答：为了在新家使用过去的家具。

问：为什么要在新家使用过去的家具？

答：为了在新家过上和搬家前同样的生活。

问：为了让客人在新家过上和搬家前同样的生活，搬家公司应该怎么做？

答：在搬运家具的同时，还要为客人提供相关服务。

问：具体有哪些？

答：把家具拆卸和封装，到新家之后按照和家里原来一样的方式摆放。例如：把餐具按照原来的样子放进厨柜里，把衣服按照原来的样子放进衣柜里；帮助客户去当地的政府部门去登记，完成住地注册；帮助客户把新家附近的地图都查好，告诉客户相关社区服务设施特别是食品店、日用品超市等……

问：要过上和搬家前同样的生活，又为什么要搬家呢？

答：为了在新家过上比搬家前更舒适的生活。

问：为了让客人在新家过上比搬家前更舒适的生活，搬家公司可以怎么做？

答：帮助客人扔掉破旧的物品、安装好新的物品；将邻居们的信息告诉客人，协助其认识左邻右舍……

商业模式是面向未来的，随着社会进步和环境变化，企业要不断进化自己的商业模式。概括起来，企业的商业模式进化都会经历这么几个阶段：从单一增值模式（如简单加工企业、传统贸易公司）到单一领域的整体解决方案（如欧派全屋定制），再到多元领域的整体解决方案（如产融结合的美国GE公司等大型传统跨国公司，如正在从家电向机器人和房地产拓展的美的集团等新兴中国企业）；企业第四阶段的商业模式是平台型企业，如互联网时代诞生的阿里巴巴、滴滴打车等，在物联网时代将诞生更多的平台型企业；企业商业模式的第五阶段是生态圈，例如马云系有阿里巴巴、天猫、淘宝和聚划算等网上交易平台，云计算的阿里云、蚂蚁金服和云峰基金的金融板块，有菜鸟物流，有苏宁、饿了么等O2O业务……在这个阶段，产融结合、政经结合、资本力量等都成为重要的核心能力。

发展模式是企业在一个阶段实现做强和做大的方式。江苏科技大学公共管理学院教授胡伟博士在《企业发展模式》一书中提出：企业生存和发展必须与环境协同进化。例如，从传统的竞争思维（从客户端争取价值）到合作思维（为客户创造价值），带给企业的发展模式是不一样的，日本企业面向全球市场经常出现强强联合甚至是强强融合的情形，就是典型的例子。

2000年至2004年，日本大金空调与日本松下空调进行了4年的战略合作，双方合作开发新产品，大金发挥大型空调的技术优势，松下发挥小型空调的技术优势，不但联合开发新产品，而且互相贴牌生产，其结果就是在2010年之后松下的大型商用空调取得了长足进展，大金的产品系列得到全面丰富。

2006年1月4日，日本东京三菱银行和日本联合银行合并，诞生了世界最大银行三菱东京联合银行。2012年10月1日，为提升在全球市场的竞争力，位列全球钢铁行业前列的新日本制铁与住友金属工业合并为新日铁住金。

企业之所以要重视发展模式，最重要的原因是全球产业生态正在发生巨大变化，企业的发展思路必须做出根本性的调整：经济全球化已经比较充分，资本的力量史无前例地被放大，新业态的诞生正如火如荼，技术驱动带来的市场机会越来越大，兼并和收购对企业有机成长的能力提出了很高的要求。

定制家具以提供新的生活方式为事业概念，为客户提供一站式采购、整体服务方案——这是商业模式的问题；要实现做强、做大，是采用纯直营、纯加盟还是"直营＋加盟"模式？还是与苏宁、国美这样的家电巨鳄联手驰骋中国上万亿元规模的泛家居市场？这就是发展模式的问题。

诺萨贝斯·穆丝·坎特（Rosabeth Moss Kanter）提出的"协作优势"观点认为：具备卓越的、保持广泛协作关系的能力，对提高公司的竞争力有着重要的作用。当前的时代，企业的经营绩效越来越多地由外部因素决定。著名战略管理专家、北京大学国家发展研究院教授陈春花老师提出"建设共生型组织是企业再造的大趋势"。我认为，从新的行业生态，建设共生型组织，也是企业构建新的发展模式的创新思路。

核心能力、商业模式和发展模式，这些在企业体量小、做局部市场的阶段不是最重要的问题，不太容易引起企业领导人的重视，随着企业的不断成长，在迈向世界级的过程中，其战略性意义越来越突出、越来越重要。

6. 营销模式、研发模式和生产模式是迈向世界级制造的基础能力

再好的商业模式，都需要通过营销模式、研发模式和生产模式来落地，这三大模式是企业迈向世界级的基础能力，因为在运营层面，营销、研发和生产是企业为客户创造价值、带来现金流动和现金增值的流程整体。

营销的本质是与客户互动，营销模式要解决的是如何与客户形成黏性，最大化地服务于客户。有效的营销模式才能将企业的商业模式落地。

营销模式是一种体系，而不是一种手段或方式。例如，是以企业、以

产品为中心进行营销，还是以客户、以需求为中心进行营销？

营销模式有面向市场和面向客户两大维度。从市场维度，全球化营销和地方化营销相结合是目前的大趋势；从客户维度，以客户和价值为核心，整合营销和一对一营销是主体特征。

例如：可口可乐公司近年在中国推出了不少方言广告，也推出了很多在东南亚和非洲开展公益的中文广告；华为公司从B端业务拓展到C端业务后，也在全球化营销、价值营销等方面加大了力度。但这并非营销模式的全部，将技术性营销、服务型营销、顾问式营销、体验式营销和网络营销等各种营销手段，以及分销、直销、微商、大客户营销等营销渠道，构建成一体化的营销模式才是营销的全部。

企业的战略通过经营落地，经营目标通过"销·研·产"实现，在营销、研发和生产三大职能（注意：不是三大部门）中，营销是拉动性的，研发是驱动性的，生产是推动性的。正因如此，松下（中国）前总裁、零牌木元塾塾长木元哲先生说：营销就是经营。

营销实力决定了经营业绩的高低，企业的成功与失败，70%是由战略和营销能力决定的，营销模式在企业发展中至关重要。

面向市场开发产品，是自主研发还是大学、研究机构等外部资源合作？是企业独立开发还是与客户、供应商联合开发？这就是研发模式。

美国无线T恤公司（Threadless）通过网站、利用众筹来设计新T恤，每星期收到上百件来自业余或专业艺术家的设计，所有设计放在网站上通过众筹，以下单采购的方式让用户打分；每周4个得分最高的设计会被投入制造，前提是：预订单达到一定数量；每周颁给得分最高的设计者奖牌和2000美元奖金，给投产的设计者支付1000美元。这种研发模式使设计者的创意得到发挥，消费者有更多选择，还节省了固定费用（设计师人工），最大的激励是设计者的心血有机会被社会大众穿在身上——无线T恤公司会把设计者的名字印在每件T恤的商标上。

这种独特的研发模式逐渐形成了无线T恤公司的经营策略：众筹设计→用户打分→接单制造→设计奖励。这种模式因应了互联网时代客户参与、个性定制的需求，企业平台化成为组织进化的趋势。

在欧洲各国、美国和日本，有非常成熟的设计工作室、自由职业设计师群体，中国的品牌服装企业已经出现了从日本采购设计的情形，中国的定制家居行业也有不少企业与欧洲设计师或设计室合作，这些都是新时期研发模式的创新。

生产模式是企业的重要部分。美国苹果公司聚焦产品研发、市场营销和品牌建设，那它需不需要生产战略呢？要不要设置生产部门？显然，苹果公司采用的是外包模式，其生产战略是"世界级代工"（OEM），自然也需要生产部门。

优衣库没有自己的工厂，却有生产部门，400多人的生产和质量管理团队每天工作在中国的上海、孟加拉国的达卡、印度尼西亚的雅加达、土耳其的伊斯坦布尔和越南的河内等近150个生产基地，这批国际化的制造匠人团队常驻外包工厂，与代工厂家一体化工作，共同解决问题。

人类社会由精神幸福时代进入物质幸福时代之后，个性化需求日益增多、对交货周期和服务速度的要求越来越高，单件定制成为订单最重要的特性变化，从大批量生产到多品种小批量，再到单件定制，企业的生产方式面临着巨大挑战，用什么样的模式满足客户需求、创造竞争优势？企业只是从改善、革新的层面行动是不够的，首要的是从生产模式的角度进行战略性思考和中长期规划。

重资产经营和轻资产经营之争已经不复存在，这并非单纯的企业经营负担问题，而是用什么方式构建竞争优势的问题。2014年，日本松下发布新的四年中期发展目标，确立汽车业务作为未来五大板块之一，以成为实现"安全""舒适""环保"不可或缺的供应商为目标，向作为车载电池全球第一的制造商的目标发起进攻，决定投资第二个超级电池工厂。2016年

1月，松下与特斯拉联合投资50亿美元兴建的全球最大的超级电池工厂Gigafactory在美国内华达州Reno市投入生产。"这里是机器人的世界，这座巨大的工厂几乎不需要人工介入，完全实现'无人驾驶'。"参观工厂的媒体记者感叹道。巨额投资、合资建厂、智能化制造——这就是松下进入汽车电池领域的生产模式，它构筑了市场竞争的强大壁垒：资金壁垒、技术壁垒和关系壁垒。

跳出单纯的产品交付层面看待制造战略，生产模式也是构建竞争力的重要途径。

无论是营销模式、研发模式还是生产模式，都是企业面向市场、活用全球资源构建客户价值的方式。企业迈向世界级，就要用全球眼光创新这三种模式，真正实现营销拉动、技术驱动和生产推动，三位一体构成企业发展的强大引擎。

7. 先进制造、供应链管理和六西格玛流程管理是迈向世界级制造的技术支撑

由于日本经济的战后崛起，从20世纪70年代后期开始，美国制造业受到日本企业的巨大冲击，美国和日本开始了长达十多年的贸易冲突，在美国政府寻求贸易平衡、保护本国就业的同时，美国学界和产业界开始下功夫学习、模仿和创新、超越日本模式，一系列的理论和实践由此产生并发挥战略性作用，也涌现了像戴尔公司这样的具有代表性的世界级企业。

美国企业的现实实践表明，在迈向世界级的过程中，先进制造技术（AMT）、供应链管理（SCM）和六西格玛是最重要的支撑。

（1）说到先进制造技术，就得先了解一下先进制造业的概念。

美国社会从来都是用创新思维来思考和解决问题的，面对以丰田为代表的日本制造业的强大优势，美国人提出：不在传统制造业与日本竞争，

应该创造先进制造业（Advanced Manufacturing），在一个全新的高度再造美国制造的全球优势。

可以说，美国人几乎用了产业再造的思维来寻求国家竞争力的超越。"只有夕阳技术，没有夕阳产业。"以实现产业的先进性、技术的先进性和管理的先进性为目标，美国大力打造在全球生产体系中处于高端，具有高附加值和高技术含量的高技术产业或新兴产业。

应用先进制造技术、采用先进制造模式，再造产业竞争力。1993年，美国政府批准了由联邦科学、工程与技术协调委员会（FCCSET）主持实施的先进制造技术计划。

先进制造技术是美国根据本国制造业面临的挑战和机遇，为增强制造业的竞争力和促进国家经济增长而首先提出的一个概念，传统产业只要通过运用高新技术或先进适用技术改造，在制造技术和研发方面保持先进水平，同样可以成为先进制造业基地。这一概念和举措引起了全球的剧烈反响，欧洲各国、日本以及韩国等亚洲新兴工业化国家陆续跟进。1995年，中国政府将AMT列入提高工业质量及效益的重点开发推广项目。

先进制造技术是基于微电子技术、自动化技术和信息技术等，结合新材料开发给传统制造技术带来的种种颠覆性新型系统的统称，具体地说，就是指集机械工程技术、电子技术、自动化技术、信息技术和智能化等多种技术为一体所产生的技术、设备和系统的总称，主要包括计算机辅助设计、计算机辅助制造、集成制造系统等。

相对于传统制造业而言，先进制造业是指制造业不断吸收电子信息、计算机、机械、材料以及现代管理技术等方面的高新技术成果，并将这些先进制造技术综合应用于制造业产品的研发设计、生产制造、在线检测、营销服务和管理的全过程，实现优质、高效、低耗、清洁、灵活生产，即实现信息化、自动化、智能化、柔性化、生态化生产，取得良好的经济、社会和市场效益的制造业总称。

落后的管理方式难以发展先进的产业和先进的技术。先进制造业必须具备符合时代特点和世界发展潮流的先进管理水平。AMT 是制造型企业在新时期取得全球竞争优势的必要条件之一，但并非充分条件，其优势还有赖于能充分发挥技术威力的组织管理，有赖于技术、管理和人力资源的有机协调和融合。

先进制造技术广涉信息、机械、电子、材料、能源、管理等方面，其发展对推动国民经济的发展有着重要的作用。在经历了十多年全球性开发之后，先进制造技术开始涌现诸多成果，给全球制造业带来了革命性的变化，2005 年世界上首台高清晰度彩色 3D 打印机 Spectrum Z510 由美国 ZCorp 公司研制成功，这是先进制造技术的代表性成果之一。就目前世界的经济发展来看，以美国、日本、西欧为代表的工业化国家在 AMT 上都有雄厚的实力，中国在这方面也不甘落后。

广泛应用先进制造技术，将信息技术与其他先进制造技术相融合，驾驭生产过程中的物质流、能量流和信息流，实现制造过程的系统化、集成化和信息化；采用先进制造模式，通过数字化设计、自动化制造和信息化管理提高产品质量、市场竞争力、生产规模和响应速度，实现网络化经营。实践表明，传统产业只要通过运用高新技术或先进适用技术改造，在制造技术和研发方面保持先进水平，同样可以成为全球先进制造业。

因此，致力于迈向世界级的中国企业，一定要重视基于先进制造技术的生产模式再造。工业 4.0 的概念提出和模式构建，就是 AMT 德国版最终的化身。

（2）供应链管理技术。美国人超越日本制造的另一个理论武器就是供应链管理：从通向市场和客户的大流程中进行整体管理、全面满足客户，从局部最优迈上全局最优。

企业经营的传统模式是纵向一体化：以小而全、大而全的模式，通过全面内制来满足客户，只考虑本企业内部资源的最优利用。供应链是横向一体化的经营模式，通过整合企业外部资源快速响应市场，本企业专注于自己最擅长的核心能力。

供应链是一条从供应商到制造商再到最终顾客的贯穿所有企业的"链"，它包括满足顾客需求所直接或间接涉及的所有环节。在供应链理论指导下，美国企业在1990年开启了全球化的资源整合，在将传统制造能力转移到中国或者外包给中国企业的同时，出现了大量的供应链型企业：以客户为中心，整合各方资源在订单拉动下快速、有效地响应需求，这样就出现了在美国接单和设计、在中国生产、在欧洲交货的经营模式，市场和客户管理、专注核心业务、供应链协同成为企业的管理重心。

在供应链理论拉动下，美国主导的全球经济一体化实现了国家（地区）之间的再分工，美国产业界成功实现了产业链价值再分配：放大市场、品牌、营销、研发、核心零部件和服务的价值，大幅度压低制造环节的价值——这就是著名的微笑曲线。又因为中国等发展中国家的比较优势，使得传统制造在发达国家待不下去，日本和欧洲企业被迫追随美国步伐将制造业转移到中国和其他发展中国家。

更厉害的是，美国企业将供应链管理从管理思想、经营模式发展为一套管理技术，以提高供应链整体效率和响应速度、加速流动、提高客户满意度为最高目标，开发了一系列的技术和系统。例如，美国企业提出的"快速客户反应"（Efficient Consumer Response，ECR）战略，是在商业、物流管理系统中，经销商和供应商为降低甚至消除系统中不必要的成本和费用，给客户带来更大效益，而利用信息传输系统或互联网进行密切合作的一种战略。

开发出条码自动识别技术、POS（Point of Sale）系统和EDI（Electronic Data Interchange，电子数据交换）技术，将三者集成起来，在由生产线直至付款柜台之间的整个供应链建立一个无纸的信息传输系统，使信息流在开放的供应链中循环流动，确保产品不间断地由供应商流向最终客户。这既满足了客户对产品和信息的需求，给客户提供了最优质的产品和适时准确的信息，又满足了生产者和经销者对消费者消费倾向等市场信息的需求，从而更有效地将生产者、经销者和消费者紧密地联系起来，降低成本、提高效益、造福社会。

进入21世纪后，美国企业又创造了集成供应链管理（Integrated Supply Chain Management）模式，把企业内部以及节点企业之间的各种业务看作一个整体功能过程，通过信息、制造和现代管理技术，将企业生产经营过程中有关的人、技术、经营管理三要素有机地集成并优化运行。通过对生产经营过程的物料流、管理过程的信息流和决策过程的决策流进行有效的控制和协调，将企业内部的供应链与企业外部的供应链有机地集成起来进行管理，达到全局动态最优目标，以适应在新的竞争环境下市场对生产和管理过程提出高质量、高柔性和低成本的要求。

集成供应链管理的核心是三个回路：作业回路、策略回路和评价回路。作业回路是由顾客化需求—集成化计划—业务流程重组—面向对象过程控制组成的第一个控制回路；策略回路是由顾客化策略—信息共享—调整适应性—创造性团队组成的第二个回路；评价回路是在作业回路的每个作业中形成各自相应的作业性能评价与提高回路。集成供应链管理正是围绕这三个回路展开，形成相互协调的一个有机整体。

中国企业的供应链关系还非常脆弱，在迈向世界级的过程中，供应链思维和供应链技术是必不可少的，站在战略高度、从持续经营的角度建设供应链关系，才能行稳致远。

（3）六西格玛是美国企业实现卓越经营的第三大利器。

1986年，摩托罗拉的工程师比尔·史密斯（Bill Smith）首次提出六西格玛的管理概念，企业的质量管理水平由低级错误阶段迈上慢性不良阶段之后，在六西格玛目标（缺陷率控制在3.4个PPM以下）的拉动下，通过收集数据、分析要因并从源头上改进，要达到精品质量水平。

1998年前后，美国的摩托罗拉和通用电气（GE）两家公司都把六西格玛演变为一个高度有效的企业流程设计、优化和再造的技术，并把它泛化到整个供应链全流程管理，同时覆盖到新产品开发领域。

传统的全面质量管理（TQM）是根据工艺原理，基于经验和数据，通过试验法、排除法、比较法和再现法等在线试验，验证缺陷产生的根本原因。虽然传统的质量改善会用到分层法、检查表、排列图、因果图、直方图、控制图和散布图七种旧工具，以及亲和图、相关图、系统图（结构树）、矩阵图、箭条图（关键路径分析）、过程决策程序图（Process Decision Program Chart，PDPC）和矩阵数据解析法（Matrix Data Analysis Chart，MDAC）等新工具，其系统性看似很好，但是根本上还是要依赖经验和现实生产验证，质量改善的效率、成本和可靠性还是有限的，因此只能帮助企业消除低级错误，达到慢性不良的状态。

与上述情形不同，六西格玛是用软件来进行数据分析的，通过获取数据，实验设计，Minitab软件可以帮助企业找到质量特性与各个关键变量（质量因子）之间的规律，用公式表达出来，这样，获取精品质量的流程控制条件就变成了求解函数。只有在软件验证求解结果可靠的情况下，企业才开始上线试验，在生产线试验准确率达到95%以上的前提下，将相关条件作为新的作业标准进行统计过程控制（Statistical Process Contro，SPC）。

全面质量管理对于工艺相对简单、业务链不长的离散型流程进行改善是比较有效的，如果是工艺比较复杂、业务链很长、影响因素众多的复杂流程，尤其是像炼钢、炼铝等连续性流程，或者像大飞机生产这样的巨大流程，TQM就不够了。这个时候，借助六西格玛方法论、系统工具和Minitab软件，就可以产生突破性的效果。

六西格玛技术与GE的全球化、服务化等战略齐头并进，成为追求卓越经营最为重要的战略举措。随着实践，六西格玛逐步拓展为以顾客为中心的产品开发设计的世界级标准,进化为企业变革的流程技术,并升华为企业持续改进、迈上世界级的管理哲学。

不得不承认,美国企业群体是持续追求卓越经营的全球典范,无论是 20 世纪 60 年代的零缺陷管理,还是 90 年代后期出现的六西格玛,理论创新和实践创新都是众多世界级企业诞生在美国的大背景。中国企业进军世界级,一方面需要谦虚学习、加速补课;另一方面又要大胆创新、卓越实践,在欧洲模式、美国模式和日本模式之外寻求突破,创造中国式管理和中国模式。

下篇

迈向世界级企业的中国路径

第三章
精品质量

精品质量是世界级制造的一个重要特征,因此精品质量应该成为中国企业打造世界级制造企业的基础。只有精品质量,才能创造出独特的客户体验、超高的让渡价值、高度的可靠性、高度的符合性、高度的一致性和高度的稳定性。为此,中国企业需要重新定义质量,确保世界级制造达到世界级质量要求,要制定并执行企业质量战略,积极探索质量突破的跨界创新。

一、重新认知质量

如今,"高质量发展"已经成为未来若干年中国经济的核心关键词。在这里,首先要知道的是:什么是质量?很多人虽然经常会提到"质量"二字,但根本没有深究到它的妙意。要想真正成为一家世界级制造企业,首先要重新认知质量,要了解质量概念内涵,更要注重人的因素,实现高质量发展。

1. 什么是质量

通常,质量的载体不仅针对产品,即过程的结果(如硬件、流程性材料、软件和服务),也针对过程和体系或者它们的组合。也就是说,所谓"质量",既可以是零部件、计算机软件或服务等产品的质量,也可以是某项活动的工作质量或某个过程的工作质量,还可以指企业的信誉、体系的有效性。

质量中的重要术语有质量、质量管理、质量策划、质量方针、质量目标、质量管理体系、质量控制、质量保证、质量改进和持续改进等,它们都是质量管理的基本概念。

什么是质量?在ISO 9000质量管理体系认证中,质量的定义为"一组固有特性满足要求的程度"。也就是说,产品质量是指产品满足要求的程度、满足客户要求和法律法规要求的程度。那么,如何理解这个定义呢?

定义中的"固有",是指在某事或某物中本来就有的,尤其是那种永久的特性，主要包括产品的适用性、可信性、经济性、美观性和安全性等。

产品适用性，是指产品适合使用的特性，包括使用性能、辅助性能和适应性。

产品的可信性，包括可靠性和可维修性。

产品的经济性，是指产品在使用过程中需投入费用的大小。

产品的美观性，是指产品的审美特性与目标客户期望的符合程度。

产品的安全性，是指产品在存放和使用过程中对使用者的财产和人身不会构成损害的特性。

对产品质量的评价判断，完全可以从这五个方面来综合考虑。当然，对于不同的产品来说，质量的内涵也会有所偏重：有的产品就不用考虑可维修性的问题，如易耗品；有的产品就不用考虑安全性问题，如复印纸；有的产品就不用过多地考虑美观性的问题，如地下供暖管道。从企业的角度来看，必须深入识别客户对产品质量特性的关注重点，不能闭门造车，以免发生客户关心的质量特性不足、客户不重视的质量特性投入过多等情况。

如何理解定义中的"特性"？特性是可区分的特征。

首先，特性可以是固有的或赋予的。所谓"固有的"，就是在某事或某物中本来就有的，尤其是那种永久的特性。质量特性是产品、过程或体系与要求有关的固有特性。但赋予产品、过程或体系的特性（如产品的价格、产品的所有者）不是它们的质量特性。

其次，特性可以是定性的或定量的。质量可以使用形容词如"差""好"或"优秀"来修饰。同时，还存在各种类别的特性，如物理的（如机械的、电的、化学的或生物学的特性）、感官的（如嗅觉、触觉、味觉、视觉、听觉）、行为的（如礼貌、诚实、正直）、时间的（如准时性、可靠性、可用性）、人体功效的（如生理的特性或有关人身安全的特性）、功能的（如飞机的最高速度）。对产品质量特性来说，通常包括性能、寿命、可靠性、安全性、经济性和美学要求等指标；对服务质量特性来说，通常包括功能、经济性、安全性、时间性、舒适性等指标。质量特性要由过程或活动来保证。

如何理解定义中的"满足要求"？要求是明示的、通常隐含的或必须履行的需求或期望。"明示的需求"，是指在标准、规范、技术要求和其他文件中已经做出规定的需要；而"通常隐含"，是指组织、客户和其他相关方的惯例和一般做法，考虑的需求或期望不言而喻。因此，在合同约定的情况下或法规规定的情况下，需要做出明确规定。而在其他情况下，应该对隐含需要进行分析研究、识别确定和注意，要随时间而变化。特定要求可以用修饰词来表示，如产品要求、质量管理要求、客户要求。规定要求是经明示的要求，可以由不同的相关方提出。对"满足需要"要有正确的解释，不限于满足客户的需要，还要考虑到社会的需要，符合法律、法规、环境、安全、能源利用和资源保护等方面的要求。

用户能最终决定质量，日本质量管理专家石川馨认为："真正的质量特性是满足消费者要求，而不是国家标准或技术，后者只是质量的'代用特性'。"

2. 质量与人品

影响质量的因素是全流程的，但人永远都是最重要的。质量的第一要素是人，优质的产品取决于优秀的人。质量管理是以人为主体的管理，人的因素在产品质量形成过程中起着决定作用。人力资本与质量的关系，通俗地说，就是"人品决定产品"，人力资本质量会影响企业的最终质量水平，人力资本错配可能会导致质量风险。

要想保证世界级制造的质量，就要依靠人力的推动。这里面有三个关键因素（见表3-1）：

表3-1 保证世界级制造质量的人的三个关键因素

关键因素	说明
领导者具备质量观念	有什么样的质量观念就会有什么样的质量结果。其实，多数质量问题都是管理层的错误而并非工作层的技巧问题，管理层控制的缺陷占所有质量问题很大比例。质量来源于质量系统的体制机制设计，而不是具体的某个人员或者环节
了解用户需求	用户是企业质量创新的第一力量，正所谓"有什么样的目标用户，就有什么样的产品质量"。创造用户需求的前提是知道自己的用户是谁，企业不了解用户，企业与用户的距离很远，企业决策层听不到用户的真实声音，对用户质量意见反馈不及时，企业质量就很难提高。质量是适用性的，要从用户中发掘质量问题和改进之处，把客户作为质量的一个环节，把客户作为企业成员的一部分
掌握关键技术	世界级制造的新内涵是智能制造，而智能就是最新技术，智能化可以打造高质量的产品与服务

二、世界级制造，世界级质量

世界级制造需要世界级质量保证，全球范围内的世界级制造公司都非常注重质量管理及其对应的质量绩效。中国企业要想成为世界级制造企业，同样也必须保证世界级质量。

1.汤姆·彼得斯的世界级质量12个特征

世界级制造需要世界级质量，而世界级质量需要具备自己的特征。

美国著名的管理专家汤姆·彼得斯在其名著《乱中取胜——管理变革手册》中用"压倒一切的质量问题""长期被忽视的事实：质量等于利润""质量必须用客户的感觉来评价"等语句来描述对质量现状的诊断，并主张发动一场质量革命。他说："一场质量革命意味着在吃饭、睡觉和休息时都念念不忘质量。"但如果不诚心诚意、全力以赴,即使口头上宣称"质量就是一切",也发挥不了作用,过不了多久,所谓"世界级质量"或"卓越绩效模式"就会演变成又一个例行公事式的"本年度计划",变成徒有虚名的花架子!

汤姆·彼得斯花费几年时间读遍了能够找到的有关"世界级质量"主题的材料,并仔细研究了IBM、泰能、米利肯等公司的质量革命成果,总结出世界级质量的12个特征——

(1)重视质量管理:管理质量必须是主观上"我要质量",不是迫于客观的压力追求质量。企业做产品,终极目标就是要提高产品质量,管理者必须是主动的,而不是迫于压力。

(2)明确的思想体系或思想方法:质量管理体系有ISO 9000,质量管理方法有六西格玛、零缺陷、精益、敏捷等。对于一个组织而言,要确立统一的体系和思想方法,不能把不同的体系割裂开来,你搞一套,我另搞一套,那样只能偏离了质量目标。

(3)质量是可以衡量的:质量体系的一个基本要求就是质量目标是可测量的。比如,软件的质量通常都是以缺陷率来衡量的。

(4)给高质量奖励:质量体系通常都建立了奖惩措施,更应当重视"奖"。

(5)对员工进行技术培训:正所谓"质量始于培训,终于培训"。归根结底,质量都是由人创造的,人的能力决定了他制造的产品的质量,所以不能忽视了对人的技能培训。

(6)提高思想认识:想发挥包含跨职能部门或跨系统团队的作用,管理者必须从思想认识上把管理哲学从敌对转移到合作上。也就是说,要将多个质量体系、质量思想方法,以质量为核心,有机地融合在一起。

(7)从小规模开始:如何做到"零缺陷"?首先,要从小模块开始,把小模块做好后,再逐步集成为大模块,验证无误后,最终集成的产品就会做到"零缺陷"。

（8）创造"霍桑效应"：所谓霍桑效应，就是意识到自己正在被别人观察的个人具有改变自己行为的倾向。质量革命是一场关注琐碎细节的战争，要营造出重视质量的文化氛围。

（9）合适的结构：建立一个致力于质量改进的平行组织结构——"影子质量组织"。

（10）众人参与：鼓励每个人都发挥作用，供应商、销售商与客户都必须成为质量改进过程的一部分。

（11）改进质量：质量上升会导致成本下降，要想降低成本，就要改进质量。

（12）坚持不懈：质量改进没有止境，每件产品或服务，每天都要相对地变好或变坏，但绝不会停滞不前。

2. 世界级质量的影响因素

影响世界级质量的重要因素主要有下列 6 种：

一是全面使用语言，建立终端。为了体现世界级质量的真实效果和投资价值，必须全面使用金融、经济和企业界的语言，不能仅将它们当作一种外语。

二是广泛应用世界级质量标准。世界级质量标准被分散地运用于不同领域，会变成优秀管理的一个有机组成部分。

三是让运用质量工具成为每个人的工作。如今，很多企业已经通过教育和培训掌握了先进的质量工具，如六西格玛等，许多人甚至还达到了黑带级的水平。六西格玛在公司的运用能提供一些实例，质量方法还有助于降低成本，能够保证世界级制造的质量。

四是证实质量手段的实际效果。随着世界级质量标准的广泛应用，采用世界级质量标准所耗费的成本和它所带来的利润之间的关系，必然会受到越来越多的关注。

五是给市场带来压力。为了满足项目、利润、产品等方面的要求，大型公司增加了雇员在国家之间的流动。在加入的新人中，大部分人会通过在家里使用计算机而获得世界范围内的知识，并让这种知识成为为本企业服务的"雇员"。

六是消费者提出更高的质量需求。具有世界级质量的产品，会使消费者的自我意识日益强烈，对于购买的产品，其组织的要求也更高。消费者会把这些要求直接加到传统的零售商身上，政府、公益事业、慈善机构等会受到因特网所带来的改变传统方式的压力。

3. 企业实现世界级质量的成功经验

在全球化形势下，企业面对的是一个统一的国际市场，企业的生存与发展都取决于国际竞争力的强弱。如今，国际竞争的焦点已经由数量、价格方面转到质量方面，要想提高产品在市场上的占有率和取得领先地位，必须使自己的产品或服务质量达到世界级的先进水平。那么，怎样才能达到世界级质量？

目前，人们所公认的达到世界级质量的成功经验主要有4种：

经验一：超越 ISO 9001 标准要求。

ISO 9000 是由西方的品质保证活动发展起来的。

"二战"期间，随着战争的扩大，武器需求量急剧膨胀，武器制造工厂规模、技术、人员等，都没有满足"一切为了战争"的要求。美国国防部不得不想办法扩大武器生产量，同时又要保证质量。当时多数企业都是工头凭经验管理，指挥生产，技术全在脑袋里。可是，管理人数有限，产量有限，与战争需求量相差很远。于是，美国国防部组织大型企业的技术人员编写技术标准文件，开设培训班，对来自其他相关原机械工厂的员工（如五金、工具、铸造工厂）进行训练，使他们在很短的时间内学会识别工艺图及工艺规则，掌握武器制造所需的关键技术，将"专用技术"迅速"复制"到其他机械工厂，奇迹般地解决了战争难题。

战后，国防部将这一宝贵的"工艺文件化"经验进行总结、丰富，编制了更周详的标准，在全国工厂推广应用，取得了满意效果。后来，这个经验很快被其他工业发达国家军工部门采用，并逐步推广到民用工业。

随着上述品质保证活动的迅速发展，进行产品品质认证的时候，各国的认证机构逐渐增加了对企业的品质保证体系进行审核的内容，进一步推动了品质保证活动的发展。到了20世纪70年代后期，英国认证机构BSI（英国标准协会）首先开展了单独的品质保证体系的认证业务，使品质保证活动由第二方审核发展到第三方认证，受到了各方面的欢迎，进一步推动了品质保证活动的迅速发展。

通过三年的实践，BSI认为，这种品质保证体系的认证适应面广，灵活性大，值得向国际社会推广。于是，1979年他们向ISO（国际标准化组织）提交了一项建议。ISO根据BSI的建议，决定在ISO的认证委员会的"品质保证工作组"的基础上成立"品质保证委员会"。1980年，ISO正式成立了"品质保证技术委员会"（TC176），并着手这一工作，ISO 9000系列标准诞生。

ISO 9000系列标准健全了单独的品质体系认证的制度，不仅扩大了原有品质认证机构的业务范围，还诞生了大批新的专门品质体系认证机构。比如，中国质量认证中心（CQC）就是其中之一。该中心由中国政府批准设立，是中国开展质量认证工作最早、最大和最权威的认证机构，被多国政府和多个国际权威组织认可，其认证体系包括ISO 22000食品安全管理体系、ISO 14001环境管理体系和ISO 9001质量管理体系。

ISO 9000系列标准问世后，为了加强品质管理，适应品质竞争的需要，企业家纷纷采用ISO 9000系列标准在企业内部建立品质管理体系，申请品质体系认证，很快就形成了世界性潮流。目前全世界已有100多个国家和地区在积极推行 ISO 9000 国际标准。同时，ISO 9000 族标准的制定也不断推进，从 1994 年版，到 2000 年版，后来又有了 2008 年版。下面，我们先来简单介绍一下 2008 年版，然后重点说一说目前多数企业采用的 2000 年版。

2008 年版 ISO 9000 族标准的核心标准有四个：ISO 9000–2008、ISO 9001–2008、ISO 9004–2009（国际标准化组织 ISO 于 2009 年 11 月 1 日正式发布了新版的 ISO 9004 标准，取代原来 2000 版的 ISO 9004 标准）、ISO 9011–2003。

其中，ISO 9000–2008 起着奠定理论基础、统一术语概念和明确指导思想的作用，具有很重要的地位；

ISO 9001–2008 标准规定了质量管理体系的要求，取代了 1994 年版 ISO 9001、ISO 9002 和 ISO 9003 三个质量保证模式标准，成为用于审核和第三方认证的唯一标准；

ISO 9004–2009 标准提供了超出 ISO 9001–2008 标准要求的指南，不是 ISO 9001–2008 标准的实施指南，充分考虑了提高质量管理体系的有效性和效率，考虑开发改进组织绩效的潜能；

ISO 9011–2003 标准是有关审核方面的指南标准，遵循了"不同管理体系可以共同管理和审核"的原则。

2000 年版的 ISO 9000 族标准包括 ISO 9001 标准和 ISO 9004 标准。其中，ISO 9001 旨在通过满足产品的规定要求，规定使客户满意所需的质量管理体系的最低要求，组织可通过符合 ISO 9001 的要求来证实其满足客户要求的能力。ISO 9001 标准，可以用于保持和提高现有质量管理体系的有效性，但其作用十分有限。ISO 9004 旨在为管理者提供质量管理体系的应用指南，改进组织的整体业绩，该标准包括质量管理体系的建立、运行（保持）和持续改进，不仅能高效满足客户的要求，还能与其他相关方共享收益。

目前，主要用于质量体系认证 2000 年版的 ISO 9001 标准已为广大企业所认知和接受，但同为核心标准的 ISO 9004 却鲜为人知。对于企业来说，体系获得认证仅表明所建立的质量体系基本规范化、系统化，基本符合 ISO 9001 标准的要求，也仅能作为一个企业质量体系真正开始运行的起点。要想进一步提升企业素质和市场竞争力，使之真正进入快速发展的良性轨道，就要依照 ISO 9004 所提供的业绩改进指南模式进一步充实和深化质量管理体系。

企业在实施 ISO 9004 标准时，不仅要加强质量在财务方面的考虑，加快新产品更新换代的步伐；还要按照 ISO 9004 标准中自我评价的方法，发现质量管理体系运行中存在的问题，采取纠正措施，不断改进质量，提高质量管理体系的有效性。

经验二：有效实施 SPC。

SPC 是英文"Statistical Process Control"的缩写，指的是统计过程控制。具体方式是：运用控制图对生产过程进行分析评价，根据反馈信息及时发现系统性因素出现的征兆，采取措施消除其影响，使过程维持在仅受随机性因素影响的受控状态，达到控制质量的目的。它有助于企业降低废品率，提高产品质量，增强效率，推进全面质量管理，越来越受到重视。

目前，我国许多企业也开始逐步认识和推广 SPC，但并没有达到预期的效果。究其原因主要在于，企业对于 SPC 缺乏足够的全面了解，仅简单地把 SPC 理解成几个控制图或统计图。其实，SPC 是以这些图形或数值为基础建立起来的一个以过程为核心的质量管理体系。运用这种过程控制方法，企业可以及时发现生产中的异常情况，采取措施加以改进，把质量隐患消灭在萌芽状态，达到防患于未然。

企业如何达到 SPC 的有效实施呢？不同的企业因生产过程的不同，在实施方法和步骤上也会有所不同。但任何企业要想有效实施 SPC，都要重视以下几方面的工作：第一，管理层重视。在实施 SPC 各阶段都要得到管理层的支持，比如，在实施SPC的初级阶段要安排培训，需要资金与时间，需要管理层安排和协调；在实施过程中，有些过程需要做较大调整，有的甚至要更改工艺、更换设备，都需要管理层的支持和认可。因此，要想有效实施SPC，就要提高管理层的认识和重视度。第二，加强培训。这是有效实施SPC的前提。SPC是基于数理统计和概率论的理论的管理方法，要想在生产过程中正确应用，必须有一定的理论基础。第三，重视数据。实施SPC本身就是一种量化管理，数据的质量非常重要。数据的准确度、可信度直接影响企业是否需要在适当的时候采取合适的行动，必要时还要应用SPC软件。

经验三：引入六西格玛管理。

在整个企业流程中，六西格玛是指，每百万个机会当中会有多少缺陷或失误，这些缺陷或失误包括产品本身以及产品生产的流程、包装、运输、交货期、系统故障、不可抗力等。六西格玛管理就是要把产品质量的缺陷率控制在"0"以内，实现PPM（PPM是英文Part Per Million的缩写，表示百万分之几，常用于表示器件某个直流参数的精度）级的质量，实现零缺陷生产。其突破了传统的通过检查最终产品来测量产品质量的管理方式，有利于控制整个生产过程。

要想引入六西格玛工程，企业应具备什么条件？事实上，只要具备下列条件，企业就能尝试引入六西格玛工程：第一，已经奠定了传统管理（主要指劳动纪律和工艺纪律这两大纪律）的坚定基础。第二，已经成功推行了SPC或其他统计方法，且目前产品或服务的质量至少已经达到了三西格玛水平。第三，一把手以及高层领导者对六西格玛有足够的认识，并有坚定的决心加以推广。第四，具有可担任引入六西格玛过程负责人和黑带长的人才。第五，具有足够启动六西格玛活动的资金。

当然，要达到六西格玛的质量水平并非易事。当今制造业大多只能做到二西格玛到三西格玛，若能达到四西格玛水平，那就是佼佼者了。如果企业的过程水平只有二到三西格玛，由于操作不当而导致的返工、退货、投诉和检验等，使不合格质量的成本可能会占营业额的25%以上，在经济一体化的今天，这样的企业是没有竞争力的。

企业适时引入六西格玛工程，过程的操作就会接近完美，不合格质量的成本也能降到营业额的1%以下。实施六西格玛管理方式的关键是收集两种信息，即客户需要什么样的产品和公司产品的构成。第一项工作一般是通过调查来完成；第二项工作需要把工序分解为各个具体的过程，然后再测量过程的残次率。

经验四：以"质量管理奖"标准为导向。

质量奖评审标准体现了现代质量管理的思想和方法，其中包括许多成功企业的经验。目前，世界范围内影响最大的三大奖包括：1987年创立的美国波多里奇质量奖、1951年创立的日本戴明奖，以及1991年创立的欧洲质量奖。

我国也有一年一度的全国质量奖评审，其标准不仅充分考虑了我国的实际情况，还学习借鉴了美国、日本和欧洲各国的质量奖标准。这套标准由中国质协制定，由领导和战略（200分）、资源管理（130分）、过程管理（210分）、信息（60分）和经营结果（400分）五个部分组成，强调了领导作用、经营战略、人力资源和经营绩效的要求，对过程管理也给予了充分重视。

全国质量奖标准，不仅可以用于对申报质量管理奖的企业进行质量管理经营绩效的评价，也能用于企业的自我评估和持续改进。标准具有很强的系统性，有利于企业质量管理水平的提高。积极开展创奖活动，以质量管理奖标准为导向实施自我评估和持续改进，不断提高管理效率和客户满意度，就能最终实现企业效益。

此外，实施全面质量管理时还可以使用QFD（质量功能分配）、FEMA（失效模式效果分析）、CAD／CAE（计算机辅动设计／工程）、VE（价格工程）及防错、可靠性技术等方法。当然，不论采用哪种技术，关键都要满足企业的发展实际，只要应用得当，肯定会取得显著效果，为企业产品达到世界级质量奠定坚实基础。

三、企业质量战略与质量体系再造

无论是在国内市场，还是在国际市场，我国企业产品整体质量水平还不够理想，不利于企业参与激烈的竞争，不利于企业在质量竞争中获利，还严重制约了企业进军世界级企业的步伐。面对当前经济的发展形势，企业要实现转型升级，打造世界级企业，就必须努力提升质量，增强企业核心竞争力。而要想做到这一点，就要制定企业质量发展战略，对企业旧有的质量体系进行再造。

1. 企业质量战略的制定与实施

企业质量战略是企业对质量的全局性、长期性、根本性的谋划，是以质量目标为核心，在对企业自身竞争条件的正确预测的基础上制定的。质量战略的制定致力于制定质量目标并规定必要的运行过程和相关资源以实现质量目标。质量战略规划的实施，主要是对制定的质量战略规划的实施进行管理。

为了理解企业质量战略是如何制定和实施的，这里，我们来看看华为的成功做法。

2016年3月29日，中国质量领域最高政府性荣誉"中国质量奖"颁奖仪式在人民大会堂举行，华为公司获得了该奖项制造领域第一名。中国企业的产品质量总体较弱，而华为却一枝独秀，成为世界级的产品质量标杆,其中的秘密是什么?答案就是"零缺陷"质量管理。

华为真正把质量作为核心战略,始于2000年的一次质量大会。从2000年开始,华为便走上了发展的快速通道,建立了完整的产品体系,同时开始了全球化的历程。在高速发展过程中,公司一直都在忙着抢市场,尽可能多地获得订单。为了提高质量,华为创始人兼总裁任正非亲自主持召开了一次质量反思大会。他将从客户那里换回来的坏设备的单板以及来回机票,装裱在相框里,作为那次质量大会的"奖品"。之后,该"奖品"就被摆放在了大家的办公桌上,时时刺激着每一位当事人。这次大会成为华为公司将质量定为核心战略的一个起点。

那时,华为构建集成产品开发 IPD(Integrated Product Development,即集成产品开发,是一套产品开发的模式、理念与方法)流程和集成供应链 ISC(Internet Service Customer,即网络服务于客户,是一种最新的电子商务营销方法。ISC 也是一种 Intel 的服务器管理软件)体系。同时,印度软件开始快速崛起。为了向印度学习软件的质量控制,华为建立了印度研究所,将 CMM 软件能力成熟度模型引入华为。

在第一个阶段,IPD+CMM 帮助华为实现了基于流程来抓质量的过程。IPD 和 CMM 是全球通用的语言体系,这段时间也是华为国际化业务大幅增长的时期。全球通用的语言,让客户可以理解华为的质量体系,并接受了华为的产品与服务。

在第二个阶段,随着华为业务在欧洲大面积地展开,新的问题又出现了:欧洲国家多,运营商多,标准也多,在为不同的运营商服务时,华为需要仔细了解每一家的标准,再将标准信息反馈到国内的设计、开发、生产制造环节。欧洲客户认定供应商质量好不好,有着详细的量化指标,比如,接入的速度是多少、稳定运行时间是多少……经过多年的摸索,华为已经可以全球统一发布新款手机。在磨炼的过程中,华为渐渐意识到标准对于质量管理的作用。随着欧洲业务的不断成长,华为制定了一套"集大成的质量标准"。该阶段，在流程的基础上，强化了标准对于质量的要求，通过量化指标让产品得到客户的认可。

在第三个阶段，华为将开拓重点放到了日本、韩国等市场，这些市场的客户提出的要求更苛刻，让华为对质量有了更深入的理解。在拓展欧美市场时，只要产品有一定的达标率就可以满足客户要求，就能被定义为好产品。但是，这样的产品到了日本却行不通。日本客户认为，无论缺陷是百分之一，还是千分之一，都有改进的空间。

华为员工满脑子都是"工匠精神""零缺陷""极致"，在流程和标准之外，对质量提出了更高的要求，而这更需要一个大的质量体系，需要建设企业质量文化。只有将质量变成一种文化，深入公司的每一个毛细血管，实现员工对质量的共同认识，才可能向"零缺陷"推进。

2007年4月，华为公司70多名中高级管理者召开了质量高级研讨会，以克劳士比"质量四项基本原则"（质量的定义、质量系统、工作标准、质量衡量）为蓝本确立了华为的质量原则，这就是华为质量史上的"十一届三中全会"。会议后，克劳士比的著作《质量免费》在华为大卖，主管送下属，会议当礼品，一本冷门书居然在华为热销。之后，公司引入克劳士比的零缺陷理论，做全员质量管理，构建质量文化，要求每个人工作的时候，都要做到零缺陷。

在第四个阶段，因为客户的需求在变，所以质量体系也需要改变。因此，华为建立了流程、标准、文化的维度，华为又遇到了新问题：如何让客户更满意？此时，日本卡诺博士的质量观成为华为学习的新方向。

卡诺博士定义了3个层次的用户需求：基本型需求、期望型需求和兴奋型需求。围绕客户满意度，华为的质量建设进入第四个阶段：以客户为中心的闭环质量管理体系。不仅要重视基础质量零缺陷，更要重视用户的体验。正是因为这个"以客户为中心"的闭环质量管理体系，使华为获得了"中国质量奖"。

2. 企业质量体系的再造

质量体系是质量管理的核心内容，是在质量方面指挥和控制组织的管理体系。它包含一套专门的组织机构，具备保证产品或服务质量的人力、物力，还要明确有关部门和人员的职责和权力，以及规定完成任务所必需的各项程序和活动。因此，质量体系是一个组织落实有物质保障和有具体工作内容的有机整体。

现在，很多企业的质量体系存在很多问题，诸如：管理层认识存在误区，人员质量管理意识薄弱；质量体系策划不充分，操作性差与实际运作方式脱节；质量体系在运行过程中信息沟通不畅；质量管理执行力差，过程质量控制不足，质量保证和质量改进工作不到位；考核体系不健全，奖罚不到位；质量体系运行的过程分析评价和持续改进不够……这些问题严重制约了企业的进一步发展，质量体系再造已成为企业的当务之急。

目前，多数企业都根据 ISO 9000 标准建立了自己的质量管理体系。ISO 9000 系列标准是质量管理科学发展到一定阶段的标志，浓缩了西方工业发达国家近百年来的管理经验，融合了当今诸多优秀的管理方法，用最简洁的方式将企业运行的模式加以概括，指明了企业管理的基本流程；同时，该制度还兼具弹性，企业可以根据自身特点最大限度地发挥运用。

ISO 9000 标准结构严谨，定义明确，规定具体而又实用，得到了世界各国的普遍关注和采用，被世界很多国家和地区设定为国家标准，并被广泛应用于各类工业经济和政府的管理领域。用 ISO 9000 标准再造企业质量体系，可以提升企业的管理水平，提高产品和服务质量，提高工作效率，降低成本，降低经营风险，实现持续发展。同时，还可以通过体系认证同国际接轨，开拓国际市场。

用 ISO 9000 标准再造企业质量经营卓越的基本点是，以标准要求作为基础平台，找出企业应该做而没有做的事情，对已经做的事情按基础平台进行对比，看看与基础平台有差距的是哪些事，形成企业特色的是哪些事。

ISO 9000标准的基础平台的尺度是一种管理手段,即按标准的要求树立企业"以客户为中心"的新观念,按标准的要求营造企业"以质量效益为落脚点"的新机制,按标准的要求培植企业"以控制行为误差为宗旨"的新文化,按标准的要求构筑企业"以保证工作质量为目标"的新环境,按标准的要求正确使用"以提高管理水平和过程控制为目的"。整合企业的质量要素,不仅可以使ISO 9000标准的贯彻落到实处,更能明确质量经营的目标方向。

贯彻ISO 9000标准的基本点是重新构筑基础管理平台,所以应遵循以下4项原则:

一是用ISO 9000标准的要求去优化作业流程。要用ISO 9000标准的要求将企业各完整的任务或项目用客户价值链的功能展开,并对该过程进行优化与整合,形成新流程,再用标准化的文件对它进行制约和监控。

二是管理集成是重要实施原则。集成企业各项管理,用ISO 9000标准建立企业专业管理的共享平台,处理好企业一体化中的变革行为问题。

三是突出信息集成,信息资源共享最大化。贯彻ISO 9000标准的目标是优化管理过程和简化作业流程,并以客户价值作为所有过程改造的契机,突出信息集成(含记录的整合)是它的重要原则。信息的集成,不仅包括信息的共享,还有信息资源的最大化。

四是改善影响客户忠诚度的问题。客户最不满意的地方,也是企业存在问题最突出、最需要改进的地方。贯彻ISO 9000标准就是要把客户的需要作为改变作业流程和内部资源整合的源头,要用永远的改进来使客户满意。

当然,再造企业质量体系,ISO 9000标准不是唯一的选择,企业根据自己的实际情况,选择了不同的工具,也能取得成功。比如,华为的正向体系和逆向体系。

按照公司管理层级而来的正向体系。2010年，华为建立了一个特别的组织：客户满意与质量管理委员会（CSQC）。该组织是一个虚拟化的组织，存在于公司的各个层级当中。在公司层面，由公司的轮值CEO亲任CSQC的主任，下面各个层级都有相应的责任人。华为每层级的组织对质量都有深刻的理解，了解客户诉求，可以把客户最关心的东西变成改进的动力。

华为的源于客户逆向管理质量的体系。比如，运营商BG，每年都会召开用户大会，邀请全球100多个重要客户的CXO来到华为，用三天的时间，分不同主题进行研讨，请客户提意见，给华为梳理出一个需要改进的TOP工作清单。然后，华为就会基于这个TOP清单，与客户结对，并在内部建立质量改进团队，针对性地解决主要问题。第二年大会召开时，第一件事就是汇报上一年的TOP清单改进状况，并让客户投票。该逆向管理是基于华为的"大质量观"。

华为认为的质量不是大家普遍认识的耐用、结实，而是一个大质量体系，包括基础质量和用户体验，不仅要把产品做好，还要持续不断地提升消费者的购买体验、使用体验、售后服务体验，把产品、零售、渠道、服务、端云协同等端到端每个消费者的体验和感知要素都做好。

一个源于管理层级的正向体系，一个源于客户的逆向体系，如何实现闭环？各层级的CSQC必须定期审视自己所管辖范围的客户满意度，既包括产品质量本身，也包括各个环节的体验。同时，找到客户最关切的问题，制定重点改进项目，保证客户关切的问题快速得到解决。此外，还要针对客户回诉举一反三，不断改善质量管理体系，使得该体系跟随客户的要求不断演进。

再造企业质量体系，不能忽视了文化的因素。文化即全员认同的质量文化，体现在每个人的工作中。纵观全球质量管理科学的发展，大致可以分为四个阶段：第一阶段是脱离生产的专职质检，第二阶段是基于数理统计的质量预测，第三阶段是基于系统工程的全面质量管理，第四阶段是"零缺陷"质量文化。从第四个阶段开始，质量管理就从制度层面进化到文化层面。

质量的保证，不能依赖于制度和第三方的监管。高质量企业的打造，根本在于文化。如果说，工具、流程、方法、人员能力是"术"，那"道"就是文化。文化决定着质量的成败。比如，德国的特点是以质量标准为基础，以信息化、自动化、智能化为手段，融入产品实现全过程，建设不依赖于人的产品生产质量控制体系。

德国强调质量标准，更加关注规则、流程和管理体系的建设。德国有统一、齐备的行业标准，发布的行业标准约90%被欧洲及其他国家作为范本或直接采用。再如，日本的特点是以精益生产理论为核心，力求减少浪费和提升效率，认为质量不好是一种浪费，是高成本，强调减少浪费、提升效率、降低成本。不同于德国的"标准为先，建设不依赖人的质量管理系统"，日本高度关注"人"的因素，力求将员工的作用发挥到极致，强调员工自主、主动、改进，鼓励员工融入日常工作的"改善"，强调纪律、执行，关注持续不断地改善整个价值流。

文化的形成需要经历一个漫长的过程。近几十年的业界潮起潮落，不断出现新的风口，而文化的变革才是管理变革的根本。其介入公司的思想建设、哲学建设、管理理论建设等方面，才能从真正意义上再造质量文化。

四、质量突破的跨界创新

在全球一体化的大背景下,中国企业进军世界级制造企业,跨界不可避免,质量需要保证,创新不可或缺,保证质量与创新是企业跨界发展的关键。

1. 跨界经营的质量保证

有了质量保证,才能跨界发展!对于企业来说,如今客户对其品质的要求更加严格,因此客户满意度也就上升为企业追求的永恒目标。在中国企业跨界经营的进程中,企业质量管理环境和内容也会发生变化,企业的核心与决定因素已经变成客户。只有保证产品或服务质量,才能令客户满意;只有保证质量,企业才能在跨界过程中更好地应对激烈的市场竞争。

如今,世界顶尖企业都在通过质量保证来追求客户满意和忠诚。在这方面,沃尔玛"超越客户的期待"的质量管理智慧就值得跨界企业学习借鉴。

沃尔玛的哲学就是,要让客户在每天踏进店里时都获得超出预期的感受。比如,店内品种齐全,商品陈列得体,商品的质量无可非议,保证性价比,绝对便宜……沃尔顿还鼓励员工实践一项标准,那就是保证让客户满意。

沃尔玛提出了"帮客户节省每一分钱"的口号,实现了价格最便宜的承诺。沃尔玛还向客户提供超一流服务的新享受。公司一贯坚持"服务胜人一筹、员工与众不同"的原则,走进沃尔玛,客户便可以感受到宾至如归的服务。

此外，沃尔玛还推行了"一站式"购物新概念。客户可以在最短的时间内以最快的速度购齐所有需要的商品，异常快捷、便利，吸引了众多消费者。

为了提高客户服务质量，沃尔玛花了很多心思。有一次，一位客户到沃尔玛店寻找一种特殊的油漆，店中正好缺货，油漆部门经理便亲自带这位客户到对面的油漆店购买。该客户和油漆行的老板都异常感激。沃尔顿常对员工说的话是："让我们以友善、热情对待客户，就像在家里招待客人一样，让他们感觉到我们无时无刻不在关心他们的需要。"

为了在客户心目中树立品牌形象，沃尔玛尽其所能地为客户提供细致盛情的服务。客户走进任何一间沃尔玛店，店员都会立刻出现在面前，笑脸相迎。店内到处贴有这样的标语"我们争取做到，每件商品都保证让您满意！"客户购买的任何商品，如果觉得不满意，都可以在一个月内退货，并获得全部货款。

创始人沃尔顿曾说："我们都是为客户工作，你也许会觉得是在为上司工作，但事实上他也和你一样。在我们的组织之外有一个大老板，那就是客户。"沃尔玛把超一流的服务看成是自己至高无上的职责。在很多沃尔玛店内都悬挂着这样的标语：1.客户永远是对的。2.客户如有错误，请参看第一条。这是沃尔玛客户至上原则的一个生动写照。有些员工甚至还感慨地说："沃尔玛第一次让我们认识到客户永远是对的。"

超越客户的期待，提供的产品和服务物超所值，是企业品牌塑造的真正内在支撑，也是企业质量管理的目的所在！

追求客户满意和忠诚是企业质量管理的理念创新，与追求产品自身质量相比，力求标准化更科学、更重要。客户满意是企业的最高目标，客户是企业经营的主要驱动力，企业质量管理组织的中心位置是客户；产品开发、产品生产与服务都必须围绕客户进行，并由其参与；企业要采用客户关系信息系统，对变化的需求进行监测，指导企业满足客户要求。

管理对象不同于一般消费者，"客户"的含义不仅包括产品购买者、服务者等外部客户，还包括内部员工即内部客户，以及供应商和相关产品生产商，是一个集商品生产者、消费者、流通者为一体进而组成的"客户关系管理系统"。企业应当借鉴优秀企业的做法，更新传统的质量管理思维，深刻认识客户满意对质量管理内涵的重大作用，不断改善客户关系，适应全球一体化发展的市场，培养更多的忠诚客户，营造有利于提高员工满意的工作环境，更有效地提升质量。

2.跨界经营的质量创新

质量创新是企业跨界后适应新市场的关键一步！从"中国制造"转向"中国创造"，关键就在于"质量+创新"。"质量+创新"可以理解为"质量为本，创新为魂"，不仅会提高行业门槛，对跨界企业来说更是一种挑战。跨界的起点已经很高，客户的要求越来越苛刻，涉及面也越来越广，质量创新能否成功，主要还要看企业的核心竞争力。

创新是培育企业竞争优势的根本途径。企业要想在市场竞争中获得成功，关键是要有竞争优势，特别是核心竞争优势。比如，特变电工股份有限公司，在创新中一步步转型升级，从一个不起眼的小企业发展到国家级高新技术企业，抢占了行业世界创新的制高点，争取了国际市场的话语权。事实证明，凡是自己有技术、品牌和独特竞争优势的企业，其经营状况和效益情况都比较平稳。而没有技术、品牌，靠拼成本、拼资源、拼环境、卖苦力的企业，路子只能越走越窄。企业只有在创新能力、产品质量上实实在在地下功夫，才能成功跨界，闯出一片新天地。

创新质量方法，有一个坚定的目标非常重要，不能为了解决当前问题而忽略了将来的目标。不制订一个针对未来的计划，企业就无法存在于商业领域中。为了明确坚定不移的目标，企业相关部门不妨采取以下方法：

制订一个质量保证计划，提供一个长期的质量方向；相关部门要为每个项目的开发和维护制订出一致的测试计划；鼓励质量分析人员和测试人员运用具有革新意义的方法来提高产品质量；不断改进质量过程，比如制订质量持续改善计划、使用质量持续改进工具 PDSA 循环等。

总之，保证质量与创新是企业发展的关键。质量是企业的根，创新是企业的活力源泉，企业一心只为利益而谋发展，将产品质量与创新抛于脑后，发展必定无法长久。只有把质量和创新抓好，才有资本去谈跨界发展；只有把质量和创新抓好，企业进行跨界发展才能成功，才能经久不衰。

第四章

智能化制造

"工业4.0"是互联网全面进入生产制造系统的重要切入点，其以智能互联系统为主，采集特色化、个性化需求的数据，然后利用智能制造系统加工出个性化的产品。在我国大力推动信息化与工业化的深度融合、促进制造业转型升级的关键时期，在新的发展背景下，要学习借鉴"工业"将信息化的时代特征，与我国工业化历史进程紧密结合起来，以"两化"深度融合为主线，使用"数字化、智能化"核心技术，推动传统制造业转型升级，同时为我国实现工业生产网络化、智能化、服务化等创造有利条件。

一、从工业4.0到中国制造2025

一直以来,"工业4.0"都是很热门的话题。工业4.0最早出现于2011年德国政府报告《未来图景"工业4.0"》,专家将之等同于第四次工业革命,原因主要有:美国等发达国家的"再工业化"带来的刺激;以中国为首的新兴国家的崛起,使德国制造强国地位受到挑战;德国就是制造业强国,需要保持并提高自己的优势。德国提出工业4.0的未来愿景,在一定意义上,也对中国的制造业发展具有参考价值,中国为了成为制造业强国,提出了"中国制造2025"。

1. 什么是工业4.0?何为中国制造2025

"工业4.0"是德国政府提出的一个高科技战略计划。该项目由德国联邦教育局及研究部和联邦经济技术部联合资助,投资预计为2亿欧元。目的是提升制造业的智能化水平,建立具有适应性、资源效率及人因工程学的智慧工厂,在商业流程及价值流程中将客户及商业伙伴整合起来。技术基础是网络实体系统及物联网。

关于工业4.0,有个简单的公式,即"自动化+机器人+网络=工业4.0"。该公式浅显易懂,首先,研究智能化生产系统及过程,努力实现生产设施网络化分布式;其次,将生产物流管理、人机互动以及3D技术运用到工业生产过程中;最后,通过互联网、物联网、务联网,整合物流资源,充分发挥现有物流资源供应方的效率,使需求方快速获得服务匹配,得到物流支持。这种工业化模式集"智能生产""智能工厂""智能物流"

于一身，能够建立一个高度灵活的个性化和数字化的产品与服务的生产模式。在这种模式中，不仅传统的行业界限会逐渐消失，还能产生各种新的活动领域和合作形式。

在 2015 年 3 月 5 日全国两会上国务院总理李克强做政府工作报告时，首次提出了一个宏大计划——"中国制造 2025"。这是面对目前社会发展大趋势制定的一个务实又高瞻远瞩的战略方针，更是在新一轮工业革命浪潮中的中国发声！

中国制造 2025 计划分为三步（以下选自国务院印发的《中国制造 2025》，内容有删减）：

第一步，力争用十年时间，迈入制造强国行列。到 2020 年，工业化基本实现，制造业大国地位进一步巩固，制造业信息化水平大幅提升。掌握一批重点领域关键核心技术，优势领域竞争力进一步增强，产品质量有较大提高。制造业数字化、网络化、智能化取得明显进展。重点行业单位工业增加值能耗、物耗及污染物排放明显下降。到 2025 年，制造业整体素质大幅提升，创新能力显著增强，全员劳动生产率明显提高，两化（工业化和信息化）融合迈上新台阶。

第二步，到 2035 年，我国制造业整体达到世界制造强国阵营中等水平。创新能力大幅提升，重点领域发展取得重大突破，整体竞争力明显增强，优势行业形成全球创新引领能力，全面实现工业化。

第三步，新中国成立一百年时，制造业大国地位更加巩固，综合实力进入世界制造强国前列。制造业主要领域具有创新引领能力和明显竞争优势，建成全球领先的技术体系和产业体系。

2. 工业 4.0 和中国制造 2025 的不同

中国制造 2025 与德国工业 4.0 都出现在新一轮科技革命和产业变革背景下，是针对制造业发展提出的一个重要战略举措。两个战略的差异，除了技术基础和产业基础外，还体现在战略思想等方面。

一是战略思想的不同。德国工业4.0战略是一个革命性的、基础性的科技战略，并不是单纯地提升某几个工业制造技术，而是从制造方式基础层面上进行变革，实现整个工业发展的质的飞跃。因此，德国工业4.0战略的核心内容并不拘泥于工业产值数据层面上"量的变化"，而是更加关注工业生产方式的"质的变化"。中国制造2025强调的是，在现有的工业制造水平和技术上，运用"互联网+"工具，实现结构的变化和产量的增加。简而言之，二者的区别就是，中国制造2025是在工业现阶段水平和思维模式上寻求阶段内的改进和发展，德国则是从工业3.0阶段跨越到工业4.0阶段，实现"质的变化"。这种战略思想上的差别是客观条件的反映，符合现实基础，但也告诉我们：中国制造2025缺少战略上的理论深度和技术高度，缺少市场上的感召力和影响力。

二是战略基础的不同。战略基础包括基础研究、技术教育、人才培养等，是战略实施成功的基本条件。德国工业4.0的战略重要因素是基础科学研究，细节方面的很多任务目标都以"高、精、尖"的理论知识为依据，致力于改善德国科学基础研究的条件，提高科研创新能力。中国基础学科的研究比较薄弱，科研创新能力不强，无法实现重大突破。其根本原因不仅在于历史基础条件因素，还有政策因素。在政策支持上，中国横向研究与纵向研究比起来，无论是数目上，还是支持力度上，都要大很多，直接导致的结果就是，中国应用型的研究领域较强，理论基础研究较薄弱。此外，中国在制定国际化行业标准方面也缺乏经验和条件。因此，必须下大力加强基础研究，同时采取开放式的合作方针，积极成为网络化先进理论和先进标准体系的重要接入者，积极开展国际合作，与包括德国在内的发达国家一起分享理论、技术与市场。

三是战略措施的不同。在配套政策方面，为了有效实施工业4.0，德国比较重视对技术、政策和环境等的评估调整。比如，对相关法律可能造成的颠覆性影响、创新周期缩短可能导致相关规则架构频繁更新等，德国系统评估新技术及时对现行不利于发展的各项规章制度进行了修改。我国不仅在中央政府层面成立了由国务院领导同志担任组长的领导机构和战略咨询委员会，还大力发挥行业协会的作用，加强行业协同机制建设。

3."中国制造2025"实施路径

专家认为，我国实施"中国制造2025"重大战略要遵循以下四大原则：第一，将市场主导和政府引导结合起来；第二，将立足现实和着眼未来结合起来；第三，将自主创新和开放合作结合起来；第四，将整体建设和重点突破结合起来。遵循这四大原则，我国实施"中国制造2025"战略，就要走创新化、服务化、智能化、绿色化的发展路径，即制造业的"四化"路径。

制造业的"创新化"路径包括以下3个方面：

一是积极推进制造业创新体系建设。要想实现制造业创新化发展，首先就要快速建立和完善国家制造业创新体系，其中包括制造业科创中心、公共服务平台和工程数据信息中心等平台。要以制造业领域的关键共性技术需求为引导，以企业、高校和科研院所、政府三位一体为建设主体，以科技创新型人才为支撑，将现有科技资源的功能充分发挥出来，打造一批适应不同层次的产业科技创新中心。建设一批配套的公共服务平台，建立一套健全的服务标准体系，为制造业发展相关的技术评估、质量认证、人才教育、交易咨询等专业服务提供支持平台，加速制造业的协同创新与成果转化。要积极推进制造业重点领域的工程数据信息中心平台建设，加快创新资源和服务的开放共享。

二是推进制造业核心技术的研究和开发。具体方法是，积极引导制造业企业参与国家科技计划，强化企业在科技创新方面的主体地位，鼓励和引导企业与高校、科研院所等机构的合作交流，发挥好龙头骨干企业的示范作用，建立一批产学研协同的技术创新样板，打造一批产业协同创新联盟。

三是积极健全科技创新成果转化机制。国家要及时制定和出台支持科技创新成果转化的政策与意见，鼓励全社会制造业科技创新成果的有效转化与产业化应用。

制造业的"服务化"路径主要包括以下3个方面：

一是加快制造业向柔性化、服务化模式转型。制造业服务化是全球制造业发展的一种趋势，未来制造业的价值创造会逐渐从有形产品向"有形产品＋无形服务"转变。我国制造业要遵循这一趋势，使用定制化的制造模式，加快推动制造业服务化，从传统的以产品供应为主的制造模式转型为柔性化、服务化的制造模式。

二是推动制造和服务流程的知识融合。制造业的服务化，存在于企业与客户互动、产品和服务关联、柔性生产、全程服务等环节中，要努力将制造和服务流程的知识进行融合。

三是树立主动服务市场的意识。要实现制造服务化，就要打破旧传统销售观念，积极树立主动服务市场的意识。要深刻认识市场。要深入了解客户对产品的真实、差异化需求，让产品和服务真正满足客户需求，要深刻认识服务。客户消费产品追求的是"产品＋服务"的价值最大化，要提高对服务的认识，要在思想上重视客户。产品供给和服务都要围绕客户市场进行，要树立"客户就是资源"的理念，加快培育企业在客户心中的信誉，促进企业与重要客户形成利益共同体。

制造业的"智能化"路径主要包括以下4个方面：

一是加快制定和完善"智能制造"的发展规划与建设战略。智能制造是未来制造业的发展趋势，要实现制造业强国目标，就要加快制造业由制造向"智造"转变。以智能化、数字化为主的融合式先进制造业技术，是我国制造业发展效率提升的坚强支撑，也是我国制造业适应新常态需求的关键。

二是推动互联网信息技术在制造业中的普及和应用。第一，要强化与制造业配套的互联网基础设施建设的规划和布局，建立较为完善、合理、有效率的制造业互联网。第二，要明确制造业与互联网相互融合的发展方向，制定两者融合发展的模式，积极开发以互联网为基础的个性化定制、云制造、众包设计等新型制造模式，拓展平台化的产品电子商务直销模式，支持生产商与消费者之间的交流，实现信息的实时共享。第三，要积极推动企业物联网技术的开发和应用，建立一批具有高承载力的制造业云计算服务和大数据平台，推动重要资源的互动共享。

三是全面推动制造流程的智能化升级。智能制造模式，由人类智力与智能机器设备组成，是一种人机一体化制造模式，具有高柔性、高集成等特点。智能制造，通过计算机系统模拟生产活动，通过数据采集、分析、推算、演绎、决策，就能实现整个制造流程的智能化。

四是积极开发智能制造设备和产品。要积极推进电子信息、汽车、机械、航空、船舶、纺织、建材等行业领域的生产设备技改，推动生产流程智能化提升，全面提升行业生产效能。此外，还应加强国内重要交通运输工具、工程机械、家用电机电器、家居装饰等产品的智能化改造，并积极推进其产业化。

制造业的"绿色化"路径包括以下3个方面：

一是推动制造业的绿色低碳化改造升级。要继续全面推进这些传统行业的绿色低碳化改造升级，加快淘汰落后生产工艺、技术设备和产品的速度，积极开发绿色、高效的加工工艺和生产设备，使整个生产加工过程绿色低碳化。

二是促进资源的高效、循环利用。要支持企业推行循环利用的生产模式，加快推进工业园区循环化改造，促进园区、企业、原料供应商之间的资源共享。同时，政府要鼓励企业积极研发和推广再制造技术，推行再制造模式，完善再制造产品的质量认定机制，促进再制造产业的可持续发展。

三是积极打造绿色制造体系。要从绿色产品、绿色企业和绿色平台三个角度,打造绿色制造体系。

二、解析精益生产歌剧院模式

日本企业以精细著称,企业的生产方式也是以精细为标准,强调精益生产。精,即少而精;益,即所有经营活动都要有益有效,具有经济效益。丰田生产方式创始人大野耐一说:"我们所做的就是研究客户给我们下订单的那一刻到我们收到货款的整个时间段,通过消除无价值的浪费来缩短这一时间段。"企业是通过资金的流动性来创造价值,而精益生产最大的特点就是通过消除浪费、提升流程效率、缩短交货周期,进而加速资金流动。精益生产作为当前全球工业界最佳的生产体系和组织方式,最大的优势就是经营效率极限化,对人类的生产革命产生了长远影响。

精益生产的全貌可以用一个模型来表示(见图4-1),这是丰田汽车内部通用的模型,叫精益生产的歌剧院模式:精益生产有一大基础、两大支柱、三大优势。

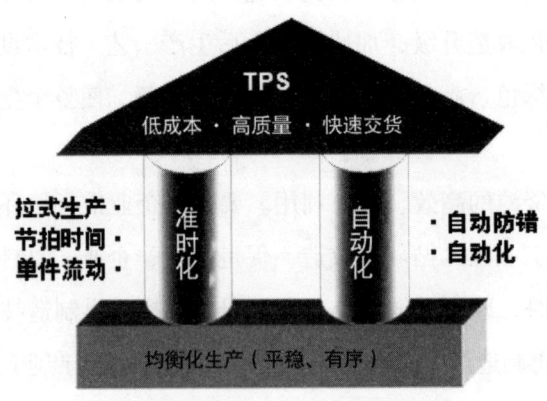

图4-1 精益生产全貌的模型

1. 均衡化生产：生产要平稳、有序

均衡化生产也叫作均匀化生产，它是精益生产的基础，要求是生产要平稳、有序。

企业的生产系统其实是一套非常精细而复杂的系统，最怕的就是干扰，一旦受到内部原因或外部原因干扰，生产系统容易产生紊乱。生产系统一旦紊乱，企业必然要付出失败成本，而且要调整回来也不容易，必须付出很大的代价。可是，外部市场千变万化，精益生产是如何做到均衡化生产的呢？奥妙就在于混流生产。通过混流生产，可以屏蔽掉外部巨大变化对内部的干扰，使其对生产系统的影响降到可以接受的程度（见图4-2）。

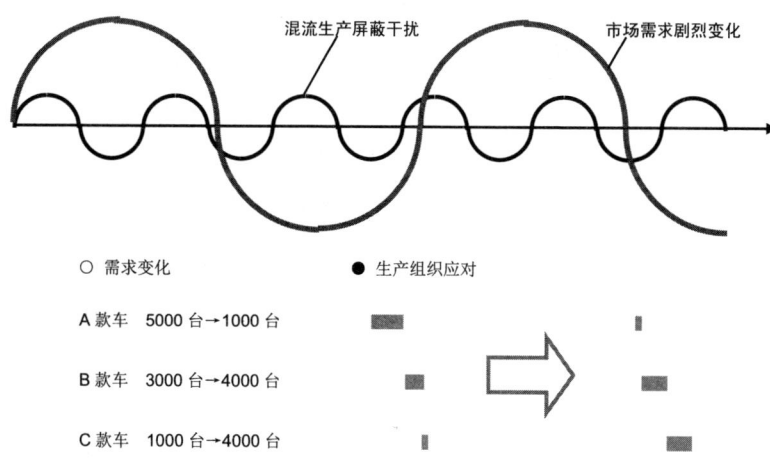

图4-2 混流生产可以屏蔽市场需求波动对生产系统的干扰

例如，在市场需求为每个月A款车5000台、B款车3000台、C款车1000台时，混流生产按照每个小时生产5台A款车、3台B款车和1台C款车进行。当市场需求变为每个月A款车1000台、B款车4000台、C款车4000台时，混流生产只要调整为每个小时生产1台A款车、4台B款车和4台C款车进行，只要生产管理部门按照1+4+4的方式进行物料配送即可，对于员工来说很简单：来什么料做什么车，反正是一一对应的

关系。

2. 准时化生产：单件流动、节拍时间、拉式生产三大工具

流线化生产过程中，所需要的零件在需要的时刻、以所需要的数量不多不少地送到生产线，从根本上解决库存在物资和财务上给经营管理造成的负担。实现准时化生产有三大工具：一是单件流动，二是节拍时间，三是拉式生产。

所谓单件流动，就是通过流线化生产实现工件一件接着一件快速流动，杜绝某工序生产一批产品以后才流动到下个工序，消除中间库存和等待时间，缩短生产周期。

什么是节拍时间呢？实施工序标准化作业，平均每一个标准作业所需要的时间，我们称之为循环时间。

传统福特生产方式，工序的循环时间是固定的，订单量大时满负荷生产，订单量小时要适当停产，产能没有弹性。而丰田生产方式可以根据市场需求的变化调节循环时间，订单量大时缩短循环时间，订单量小时延长节拍时间——根据市场需求调节的循环时间就是节拍时间。

怎么实现节拍时间的调整呢？有效的方法是通过人员的弹性。生产量大时一个萝卜一个坑，生产量小时一个萝卜两个坑。通过人员的弹性实现产能的弹性。那岂不是旺季时要加人、淡季时要减人吗？日本企业不是不裁员吗？是的，生产旺季要加人以缩短循环时间，生产淡季要减人以延长循环时间。传统上日本企业是不裁员的，怎么实现人员调节呢？通过结构化用工，也就是通过劳务工、钟点工和临时工来进行调节。

拉式生产是现代生产组织方式之一，另一类是推式生产。先来看推式生产。

推式生产是各生产环节根据计划进行生产，再将生产出来的工件推给后工序加工，后工序生产时的投入数量和启动时间受制于前工序，产品生

产在生产计划的基础上由前往后推动（见图4-3）。

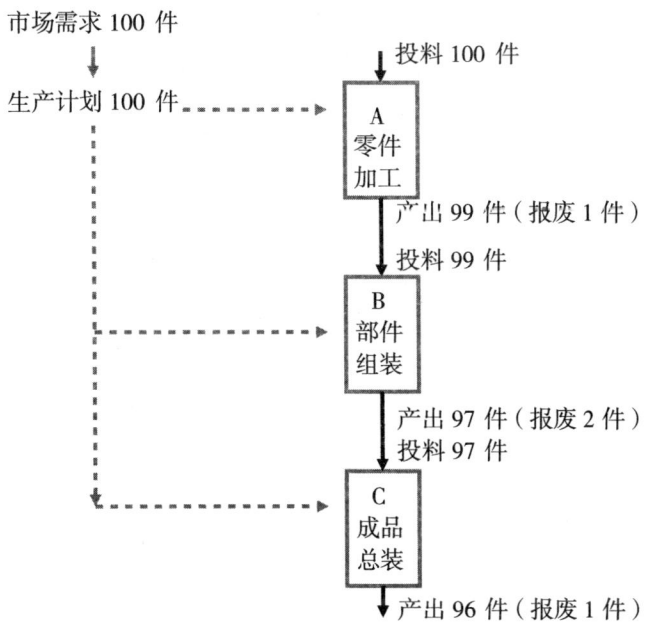

图4-3 推式生产

推式生产以物料需求计划为前提，各部门按照规定的生产计划进行生产，上下工序之间各自独立，没有负责关系，生产完成后按计划把半成品送给后工序。在这种生产方式下，按时、保质、保量完成生产作业的前提就是生产控制。根据市场需求制订生产计划，然后分解到各个生产环节，需要高度的配合才能够顺利完成生产计划。

推式生产在实际生产过程中出现种种弊端，最突出的就是：必须对所有产品及其零部件的生产进行详细计算，需要处理大量的数据，例如每个零部件的精确生产时间、设备换型时间、前后工段的时间配合等，这就需要大量的人力和物力来支撑，若是出现异常情况，就必须对全盘计划进行重新修订，不仅会造成交货迟延，还需付出高昂的成本。

与推式生产不同，拉式生产是用市场需求拉动企业生产，完成品生产拉动部件和零件生产，进而拉动供应商生产（见图4-4）。前工序根据后工序作业的需要，在必要的时间仅仅生产必要的产品和必要的数量。

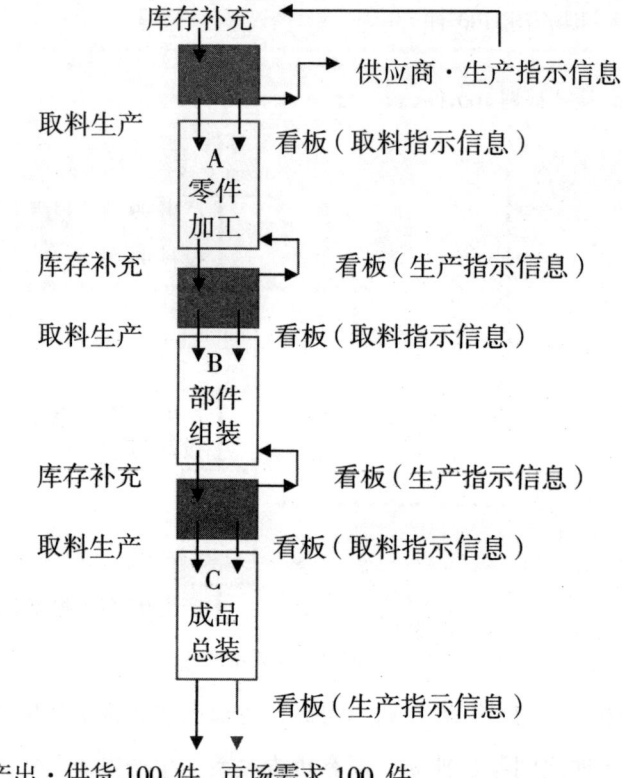

图4-4 拉式生产

后工序生产不需要依赖前工序的生产，市场需求直接拉动完成品生产，后工序生产拉动前工序生产，企业生产拉动供应商生产。所有工序生产都是立即可以启动，不需要等待前工序送料，其生产数量也以客户所需的合格品数量来进行，其投入数量不受制于前工序送过来的合格品数量，这就是拉式生产。

3. 看板管理：拉式生产实现准时化的诀窍

拉式生产是精益生产的最重要特征之一，看板是拉式生产的重要工具。

说到拉式生产，还有一段有趣的故事，这是丰田生产方式创始人大野耐一于 20 世纪 50 年代初在美国学习福特生产方式时吃西式快餐的重大发现，可谓"吃麦当劳吃出拉式生产"。

在美国学习期间，大野耐一在吃西式快餐时发现，麦当劳的生产组织方式其实非常有效率，于是用心观察和琢磨。他发现麦当劳对每天销售的种类和数量都要进行结构化的数据统计工作。例如，麦当劳每天生产的汉堡包有很多种，有麦辣鸡腿汉堡包、银鱼汉堡包等，针对不同种类的汉堡包的销售数量，每天都要进行详细统计，甚至一天内的不同时间段的销量都要进行统计，根据统计数据预测未来的销售需求，进而进行汉堡包的生产组织策划。

比如，周六汉堡包销售高峰是上午 10 点到下午 2 点，这个时间段内每一种汉堡包都有比较准确的销量预测，对接到生产能力进行库存规划：在 10 点到 11 点，麦辣鸡腿汉堡包需要保持 20 个库存才能够保证订单不流失，在 10 点到达之前就必须做好 20 个库存。20 个库存不能多也不能少，多了造成浪费，少了有订单损失。

当然，这个有效库存量并不是一成不变而是动态调整的。例如，在 10 点到 11 点这段时间内有效库存是 20 个，11 点到下午 2 点则要提高到 25 个，下午 2 点到 3 点又要降低到 10 个——一切依据基于销售预测的有效规划进行。根据这些数据，就可以在不同的时段保持不同标准的库存。

在建立本时段的标准库存之后，客户要一个银鱼汉堡包，服务员立即提供一个，有效库存即时减少一个，这时，服务员就拿一个对应的不锈钢卡片放到银鱼汉堡包下面对应的槽里面，"骨碌"一声滑到后面的制作间。制作间的作业员一看到卡片，就知道银鱼汉堡包需要补充一个库存，便立即着手制作一个银鱼汉堡包。

这个传递生产信息的不锈钢卡片，被大野耐一称为"看板"，不同时间段有效库存数量的变化也通过看板来控制——这个控制过程其实很简单，只要在时间过渡的过程中，减少相应的卡片滑进制作间的数量就可以调节有效库存量。

看了麦当劳前柜台后制作间的生产组织方式，大野耐一大受启发，从而创造性地发明了拉式生产方式，他将准确的销售预测、有效的库存规划和适时的看板拉动运用到汽车生产当中，做到客户订单拉动企业生产，后工序拉动前工序的生产，内部生产拉动供应商的生产，从而突破性地实现了准时化交货，最大限度地减少了生产过程中的各种浪费。

看板管理是拉式生产不可或缺的工具，也是实现准时制交货的重要保证。当然，由于时代的进步，传统用纸质卡片制作的看板已经大部分被电子化的看板所替代，但是，"拉动"的本质并没有改变。

说到"看板管理"，这里还要特别说明一点：在精益生产当中，看板有两种，一种是前面说到的传递生产信息的载体；另一种则是用于展现管理信息的板状物（见图4-5）。

图4-5 用于展现管理信息的板状物——此"看板"非彼"看板"

4. 库存规划：拉式生产实现准时化的关键

有效的库存规划是适时拉动、准时交货的重要前提。这里还要澄清一个观点：全世界都知道精益生产的重要特征就是"零库存"，实际上，并不表示企业在实际运营过程中一定就是库存为零——真是这样，企业就没法运作。

实际上，零库存是原则性的目标，就像事故为零是安全管理的目标一样，在操作层面的目标是：用最小的库存规模、最低的库存成本实现准时制交货，既减少库存浪费又杜绝缺货成本。

生产硬件系统是相同的，不同生产组织方式效果却差别巨大，推式生产反应慢、费时间、浪费大，而拉式生产则可以杜绝浪费、提高效率、快速交货。

目前，我国大部分制造企业还是沿用推式生产，要实现产业升级，必然需要建立完善的从销售预测、库存规划到看板拉动的一整套生产管理体系，做到有机配合、快速联动，这对企业的基础管理提出了很高的要求。

5. 精益生产方式中的自动化原则

精益生产的第二大支柱就是自动化，它有两层意思：一是传统意义上的自动化，二是自动防错。

传统意义上的自动化是指利用工装、夹具、装备、设施、软件、程序等来取代人工作业，或者是辅助人工作业。海尔从德国引进的自动化生产线，富士康用机器人减少一线用工等都是自动化的例子。

自动化的第二层意思就是自动防错。自动防错是精益生产的重要思想之一，自动防错技术是实现精益生产的重要技术手段。自动防错的思想最早出现在丰田佐吉发明的织布机中，为了防止断纱造成的次品损失，丰田佐吉发明了一旦断纱立即停机报警的防错装置，这一发明直接导致了防错思想和防错技术的运用。

我们知道，如果一个工序的作业质量和效率对员工的依赖程度过大，员工必须很用心才能够做好（意识依赖），作业技能必须非常高才能做好（技能依赖），工序质量就难免出错，效率也难以得到保证：因为老虎也有打盹儿的时候。能不能减少工序作业对员工的依赖，做到傻瓜都能做好，想出错还出不了错呢？丰田佐吉后来想出了两大类方法：控制式防错和注意式防错。

实现自动防错的第一类方法，就是控制式防错，最典型的例子就是电梯的防夹装置。边上有一部电梯，您过去试试看：让它夹您一下，看它夹不夹？它是不会夹的！因为电梯的弹簧开关或光电幕在起着防夹作用。

实现自动防错的第二类方法，就是注意式防错，最典型的例子就是红绿灯、斑马线，还有汽车的倒车雷达等。以倒车雷达为例，司机一挂倒车挡，雷达系统就会立即工作，当监测到前后左右的障碍时，会通过声、光、电灯信号提醒司机注意，当汽车与障碍物的距离小于某个值时，高档汽车还会大喊"刹车"，可是如果司机不刹车，就会照撞不误！因为雷达只是提醒您。

为了减少企业生产对员工的过度依赖，必须重视原理分析、加强硬件和系统的改善，从而做到傻瓜都能做好，呆子都不会出错。精益生产中的自动防错思想，既包括生产系统的自动防错改善，又包括产品功能的自动防错改善。

自动防错的思想和技术在丰田生产方式的广泛运用，大大提升了生产系统的资源利用效率，提高了产品对客户的附加价值。我国的制造企业在努力实现产业升级的过程中，务必从战略高度全面推进防错技术在生产系统和产品设计中的应用。

中国企业对精益生产还有一个天大的误解，就是认为精益生产只适合于制造企业，实际上，精益的思想、方法和工具普遍适用于各类企业、各类流程，甚至包括社会管理和公益组织。

6. 中国企业精益生产建设大地图

在中国，企业如何推进精益革新呢？零牌顾问机构的专家团队根据中国企业30年的实践，结合自身十多年的企业培训辅导经验，开发出企业精益生产建设大地图（见图4-6）。下面我们就针对这个精益生产建设地图的思想内涵进行一下系统说明。

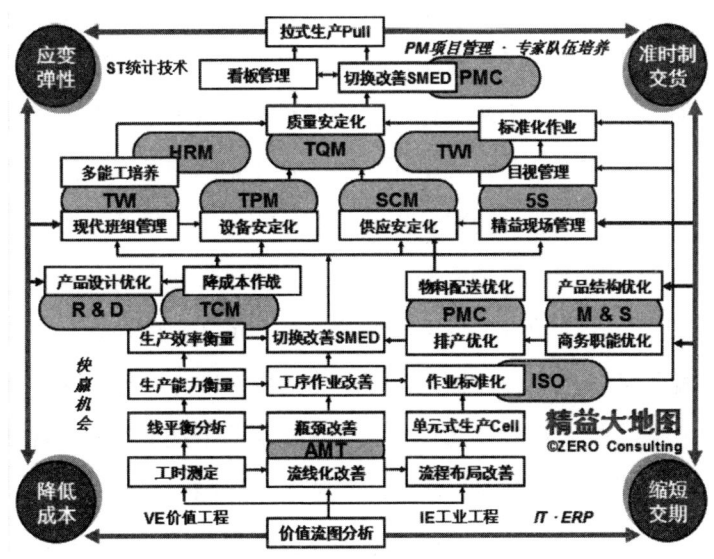

图4-6　企业精益生产建设大地图

第一，构建精益生产模式，必须逐一攻克精益生产的四大目标。第一大目标是准时制交货，避免缺货成本；第二大目标是缩短交货周期，加速资金流动；第三大目标是提高企业应变弹性，快速响应市场；第四大目标是降低成本，提高企业效益。

第二，精益不止在现场。很多企业推进精益革新时，只想到生产现场（车间），实际上，精益生产研究的是企业的全部经营范围，具体地说，就是两大核心业务流程：产品开发流程和订单执行流程。所以，精益革新既包括大生产系统（计划、采购、物料配送、生产、设备维护、质量保证等），又包括产品研发系统和市场营销系统，其最高目标是实现销售、研发和生产一体化运营，快速联动。

第三，精益不止是工厂。中国企业对精益生产还有一个天大的误解，就是认为精益生产只适合于制造企业（工厂）。实际上，精益的思想、方法和工具普遍适用于各类企业、各类流程，甚至包括社会管理和公益组织。麦当劳既是制造企业又是服务企业，就是这方面的例证。

第四，精益生产的巨大力量。透过近几年丰田汽车在全球市场巨变中的卓越表现，人们看到了精益生产巨大的力量：一是通过混流生产缩短交货周期，加快企业的资金流动速度，提高企业的资金增值能力。与西方企业家主要依靠社会资金办企业不同，东方企业家的积蓄本性使企业主要依靠自有资金来经营企业，而精益生产使企业资金实力雄厚，可以随时满足危机事件的资金需求。二是流程效率极高，通过打通产品开发流程和订单执行流程，消除七大浪费，使流程快速运转，最大限度地提高了资源利用效率。三是企业的应变弹性极高。强有力的内在能力，使企业能够及时有效地做出决策，快速应对外部环境的变化，消除主观干扰和客观干扰，既有爆发力又有忍耐力——因为精益生产强化了企业的生命力。

志存高远、脚踏实地。中国企业要专心把制造做好，尤其要做好精益改革。因为企业每天都在接单、生产，每时每刻都在产生浪费，精益革新可以立即帮助企业减少浪费、提高效益。

今天，精益生产对中国企业已经不是适不适合的问题，而是怎么有效地导入的问题。推进精益革新不一定成功，不推进精益革新一定会失败。中国制造企业的转型升级，首先要从精益革新开始。

三、从精益工厂到数字化工厂

精益和数字化的目的是一样的,都是要为工厂效率提供服务。精益和数字化都是解决生产问题的重要方法,但实施的门槛却不一样。精益看重的是方法简单,快速改善;数字化对技术手段的要求会多一些,在现阶段对人、技术及软件等资源的要求比较高。在提高工厂信息透明度并将信息快速有效传递等方面,数字化有着独特的优势,是工厂通往高效运营的下一站,因此从精益工厂到数字化工厂是个趋势。

1. 当精益遇上数字化:数字化强化了传统精益,精益实现了新的增值

过去,精益化、六西格玛等方法曾帮助制造企业减少了生产过程中的诸多浪费现象,大大提升了产品质量和产出水平。研究显示,在传统精益的全盛时期,技能超群的制造企业能提升 10%~15% 的生产率;而在数字化浪潮下,这一生产率提升的比例已经是非常了不起了。

如今,传统精益还没有盛极而衰,尤其在中国,传统精益仍然是提高中国制造企业生产车间效率的最有力工具,甚至还是很多制造企业进行改进的首要工作。只不过,随着最近几年数字化生产线(提供实时信息并实现即时优化的可能性)和数字化分析的出现,数字化强化了传统精益,精益实现了新的增值。

传统精益是由客户需求推动的持续流程改进方法,其专注于根除生产低效性,实现防错的流程,动员整个生产团队参与其中。与之相比,数字

化则专注于通过改变工作流、质疑现有流程步骤和顺序等，进一步优化整个制造环节的运营模式。

数字化要回答的问题有：如何优化价值链各环节的物料流？如何通过变革价值链实现额外降本？比如通过整合或分离特定的步骤来打造更加稳健的制造体系。最高的故障率出现在哪个环节？如何解决故障之间的潜在关联性？

数字化能够帮企业将传统手工工具转换成现代数字化工具，在零风险的环境下（无须进行试点测试或实际实施）全面测试假设、模拟场景和计算具体成本。这里，我们来看看青岛四方股份公司是怎样以精益为基础来实现数字化与智能化的。

青岛四方股份公司是轨道交通行业的"巨无霸"中国中车股份有限公司的单体最大的企业，其高速动车组在国内市场占有率为40%以上。高速列车除了动力外，还承担着导向、承重、减震、牵引制动等功能。该程序异常复杂，工序组成多达3000道。

转向架的水平代表着行业水平，也代表着企业的国际竞争力，因此他们最终选择了转向架项目。该转向架项目共分为8个方面的内容：（1）整个数字化车间的建模和生产仿真，在正式开始之前就运用数字化手段，对所有的厂房、工艺、工位、装备等进行全生命周期的仿真。（2）智能装备的应用共有11条智能化生产线，在质量关键环节，全部用自动化方式进行改造。（3）在物联网技术应用上，将所有信息的现场情况都实时地反映到系统当中，进行统一处理，实现了生产数据流动的自动化。（4）在智能物流系统建设上，在转向架完整的物理位置，实现了使用物流的自动化运输，包括相关的检测、整个出入库检测和ERP的集成。（5）车间现场的信息系统建设，把企业的ERP系统、检修企业以及其他专业质量系统进行全面集成，保证了整个转向架的生产调度、处理和制造。（6）按照国际标准建立工业网络体系，确保整个网络连接的有效安全可靠。（7）通过数据的积累，实现整个产品全生命周期的服务。（8）高度关注信息安全，按照国际标准建设信息系统，加大信息安全的建设力度，包括网络的隔离、控制系统的选择、人员的管理等。

通过转向架项目，青岛四方股份公司在原来精益企业的基础上，以数字化的车间作为载体，实现了整个转向架车间的转向架设计、制造、运营、服务等全过程。

2.通过战略、效益、技术和人才四维度打造数字化工厂

数字化工厂，不仅可以提升生产效率，还能迅速可靠地生产出更多定制化、高质量的产品，为市场服务。对于不打算建设数字化工厂的企业，缺少了数字化的愿景，会让它们裹足不前。数字化愿景不仅考虑到了各项技术，还定义了各项技术在整个产品生命周期和企业生态圈中的配合方式，要想打造数字化工厂，企业不仅需要一套清晰的愿景，更需要一张切实可行的数字化路线图。具体来说，就是要通过战略、效益、技术和人才四个维度来探究数字化工厂背后的推动力。

从战略维度上来看，战略可以解决"为什么要建设数字化工厂"这个根本性的问题，制定一套连贯的战略是打造数字化工厂的重中之重。数字化工厂涉及不同技术的采用，许多技术都会临时仓促上马。对于各项技术的运用，如何实现整体战略和运营目标的匹配、如何与其他现有技术有效配合，都需要有明确的方法。同时，数字化愿景还要涵盖整个组织，让数字化工厂发挥出"1+1>2"的作用。在制定数字化工厂战略前，企业应该以自上而下的方式推进数字化工厂的建设，从战略、产品设计、运营模式变化等角度来考虑问题。要根据自身的实际情况和目标来选择合适的技术，不能盲目追求所谓的尖端技术。例如，海尔以互联工厂为核心的发展战略，既符合集团大规模定制的发展方向，也契合了海尔在模块化和数字化的丰富经验，成功打造出了互联工厂的生态体系。

从效益维度上来看，可以通过试点的方式进行。试点，有助于企业发现最适合自身发展的方式，并将成效展现给整个组织并获得他们的认可，争取到资金，用于大规模推广。在试点工作中，可以将一些定量指标，如生产效率、单人产出、能耗、质量控制（次品率）、生产周期等，用于数字化工厂效益的评估。同时，减少人工作业、提升员工士气（工作不再无聊，而是更加有趣、附加值更高）和加大员工忠诚度等定性指标也能用于辅助评估。例如，某领先的纺织企业，不仅确立了生产效率、良品率、生产周期等常见指标，还用换产时间、用工人数等指标来衡量其数字化工厂的成效；为了解决自身痛点，某工程机械巨头则针对其示范车间，增加了生产误操作、物流效率等指标。

从技术维度上来看，数字化的重要一步就是通过共用基础架构来实现机器与其他资产间的互联。比如，MES系统（制造企业生产过程执行系统，是一套面向制造企业车间执行层的生产信息化管理系统）能实时规划和控制生产，提升效率、生产柔性和资产利用率；协作机器人、数字孪生或增强现实等技术，可以使运营更精益、生产率更高；预测性数据分析和机器学习等手段，可以保持竞争力……总之，要积极采用各类数字化技术来协助工人提高生产效率并改善流程。在技术方面，企业应该全局考虑。实际上，制造企业的数据分布都不太集中，无法获得数字化工厂所需的产品全生命周期的系统性数据，标准的制定异常困难。因此，企业要根据自身的数字化工厂战略来制定技术路线图，分阶段地推行各种技术转型举措，将实施的风险降到最低，避免对业务和运营造成冲击。

从人才维度上来看，尤其要注重产教融合。数字化工厂将生产运营流程高度一体化，在生产上，技术人才需要横跨多领域、学习能力更强、懂得数字交付参照国外的先进经验；在人才培养上，要以课堂教育与实际工作相结合的方式来构建职业教育体系，打造复合型人才。例如，某领先机床企业直接与当地的工科院校建立起联合学院，通过产教融合和资源互补,为其数字化工厂的建设定向培养和输送人才。除了教育机制,该公司还对职业培训课程做了调整,实现了课程培训的标准化。同时,在商业、自然科学和工程等传统领域加大了人才培养力度,培育出了熟练掌握数据分析、产品管理、项目管理、IT架构或者信息安全的跨学科数字化工程师。

数字化工厂的目标并不是实施最酷炫的新装置,而是实现提升效率、改善质量或增强业务本身等特定目标。因此,需要从战略、效益、技术和人才四个维度,打造成功的数字化工厂。

四、智慧工厂从物联网开始

任何事物的形成和发展都要遵循一定的规律,都需要满足一定的条件。同样,智慧工厂的完善也不可能一蹴而就,也需要必要的技术条件,来支持智慧工厂建立和发展。那么,支撑智慧工厂的生产制造过程的究竟是什么?是物联网!智慧工厂从物联网开始!

1. 物联网技术造就智慧工厂——物联网助力制造企业转型升级

物联网能够助推传统工业企业向现代制造业升级转型,大大提高核心竞争能力。对制造企业来说,迈向智能化与信息化的"智能工厂"是达到增效节能、更安全的途径,比如盖勒普SFC(车间集中控制管理系统)、MES(制造执行系统)、DNC(机床联网管理系统)、MDC(机床数据采集系统)、Tracker(刀具管理系统)等物联网应用工具,就有力地帮助制造企业实现了智慧工厂的建设和转型升级。如今,智慧工厂已经成为物联网应用最大的市场。

在制造企业中，物联网技术应用主要被运用在生产线过程检测、实时参数采集、生产设备与产品监控管理、材料消耗监测等方面，大幅度提高了生产智能化水平。比如，钢铁行业利用物联网技术，在生产过程中企业实时监控加工产品的宽度、厚度、温度等参数，提高产品质量，优化生产流程。同时，物联网与工厂生产设备的融合，可以对工厂在生产过程中产生的各种污染源进行实时监控；把传感器应用到设备、油气管道中，可以感知危险环境中工作人员、设备机器、周边环境等的安全状态信息等；还能监控危险物品的运输，描述每一批运输、每一批物料的特征，继而追踪到每一个货柜或散货中的原物料，提高安全性。

除了对危险物品进行全程跟踪和监控，制造企业在制造过程中，对于电、油、气的运输及设备远程控制的需求，也因为油电双涨的趋势，变得比过去更加谨慎。比如，某公司利用 RFID 追踪和管理油气资源设施间的输送环节，提高了油气运输安全性；同时，还利用 RFID 远程遥控油气管道的阀门开关，平衡油气流动，使设备的管理更加智能化。

物联网在智慧工厂的运用，有着广泛的前景，能够产生明显的经济效益和社会效益。导入物联网的智慧工厂，至少可以实现以下五个功能，即电子工单、生产过程透明化、生产过程可控化、产能精确统计、车间电子看板。通过这五大功能，不但可以实现制造过程资讯的视觉化，还有利于生产管理和决策。

2. 用物联网打造智慧工厂的策略——优势科技的 WF-IoT 技术实践

先来看看下面这个案例：

西安优势物联网科技有限公司（以下简称优势科技）成立于 2010 年，是我国物联网技术的首批研究者，先后发明了 WF-IoT 中高速广域融合物联网、AirLamp 智慧照明、AirNano 无源无线智控、物联网新三网融合等近百项专利，使优势科技成为陕西的"硬科技"符号。

优势科技的彩虹光电第 8.6 代液晶面板智慧工厂项目是陕西省的重点项目，位于咸阳市高新区，总投资为 280 多亿元。2018 年 4 月 2 日，彩虹光电智慧工厂物联网项目一期的物联网综合智能化工程通过甲方、总包方的联合验收。

彩虹光电智慧工厂采用了 WF-IoT 技术，共部署了 10 万多个物联网智能设备，是全球生产辅助系统的典型应用示范。WF-IoT 技术具有物联网 2.0 的显著特征：一网多用、一物多能，智能化应用成本极大降低；节点具有语境感知的雾计算能力，是真正的颠覆性智能；智能网关具有去中心化、不依赖于云端的霾计算能力，是大数据的源头；更经济、更可靠、更安全、更实用。

智慧工厂的建设投资巨大且费时，因此将原有工厂既有设备转变成基于物联网的智慧工厂时，必须从多个角度进行考虑。下面我们就结合优势科技的 WF-IoT 技术实践，为打造智慧工厂的企业提供一些参考和借鉴：

一是解决方案通用且可扩展。新智慧工厂的建立，要搭建在通用型的技术架构上，避免各家技术无法整合的痛点。更重要的是，该架构必须能弹性扩展，不用担心因为产能需求新增机台后，无法维护。优势科技的 WF-IoT 技术就具有这种通用性和可扩展性，可以为智慧城市、智慧教育、智慧建筑、智慧交通、智慧国防、智慧工业、智慧照明以及安防、涉密、监测等多个行业领域服务。

二是必须考虑成本效益。对于许多正考虑实施智能工厂联网的制造企业来说，首先就要重视"最终效益能否大于付出成本"，这一点对于流程比较复杂的企业尤其重要。这类企业一般都购置了昂贵的生产组件，希望设备能在最短的时间里回收投资成本。不能为了构建智慧工厂而停机，更不是停机时间越短越好，如此才能提高制造企业实施智能化工厂的意愿。优势科技的 WF-IoT 终端采取单芯片，实现了商用照明物联网、识别定位网和广域无线传感网等新三网的融合,搭载轻量级、低功耗系统,可以同时满足大规模部署、多业务融合、低成本刚需、高时效反应、低功耗要求等众多应用需求,受到多个行业领域的青睐。

三是多方采集实时数据。对于支持物联网的系统,是否取得实时信息决定了未来营运模式能否成功。因此,为了支持重大且即时的决策,信息的取得必须实时。优势科技的 WF-IoT 技术的数据采集能力很强,比如,通过对环境参数监测站进行智能化升级,能够采集到温度、湿度、空气质量、雨水等参数,就近接入融合物联网(私有网),不用通信费用,不用依赖中心,就能直接显示到附近的电子公告板(智能化改造后),同时上报给监控指挥中心。

四是更改既有设备的配置。为了减少对客户资产造成的冲击,部署构建智慧工厂的解决方案,只能对既有设备的软硬件进行较少或零调整,以免造成不稳定或损害,同时将停机时间降到最短。

五是数据传输带宽最大化。随着越来越多生产组件被连接到物联网系统,将有更多的数据要在更短的时间内完成传输,因此必须有效利用网络带宽,以容纳更多的联网设备。

六是提供动态发现功能。对于实施物联网的制造企业,产能与营运决策有着密切关系,必须不断调整设备配置和流程,因此物联网系统必须能提供动态发现功能,使生产组件和流程重新设定所需的时间缩到最短,减少调整时的整体停机时间。比如,WF-IoT 技术在路灯智能管控方面,不依赖云端,就能根据车流、人流和天气情况等弹性地调整部分区域或道路亮度,满足节能要求。

七是可扩展且可靠。物联网系统必须与大量设备连接,因此理想的解决方案应该具备最大的可扩展性,能够有效管理各种元素组态并支持未来的系统扩展,且所有元素能够以可靠的方式连接,能够支持高时效性与关键任务的应用。WF-IoT 从节点、智能网关到云端管控都有符合国家标准的成熟产品，能够为用户提供物联网技术集成应用的全套解决方案。

八是知识产权保护。有别于传统单机设备，物联网系统一旦上线，数据便会暴露在风险中，因此智慧工厂解决方案必须整合有效的保护措施。WF-IoT技术是优势科技具有完全自主知识产权的低功耗广域网通信技术，远距离、大容量、中高速、免付费、低功耗，是一种独具一格的物联网方案。

五、中国企业迈向智能化制造的路径

《中国制造2025》规划提出：瞄准创新驱动、智能转型、强化基础、绿色发展等关键环节，让中国制造跻身世界第一方阵。其实，在全世界的制造行业中，构建数据量巨大的智能系统包括那些初级智能系统，都不会直接用到人工智能，会先用到由长期的工业技术积累形成的工业智能技术。同样，中国制造企业也起步于工业智能，因此只有在此基础上逐渐融入人工智能，才能逐步实现智能制造。

1. 工业智能及其应用

从历史上看，工业智能的应用主要是依靠丰富的科学效应在工程技术领域来实现的。在工业革命时期，为了增强对机器的自动控制，人类就利用科学效应来实现各种功能。比如，第一次工业革命时期的蒸汽机转速调节器，当蒸汽机转速增加时，在离心力的作用下飞球升高，就会带动气阀开口减小，使蒸汽机转速降低；反之，蒸汽机转速降低时，飞球下降，气阀开口就会变大，蒸汽机的转速就会随之提升。依靠这种机制，蒸汽机转速就能自动保持基本恒定。这里离心力起到了关键作用。这个结果符合初级智能系统的基本定义。

除了物理效应可以构建智能系统，生物效应也可以构建智能系统。事实证明，借用某些生物效应来实现智能系统的案例更为有趣。在电视剧《大染坊》中，主人公陈寿亭把鱿鱼爪放入正在加热的染缸中，鱿鱼爪的生物效应（遇热打卷）发挥了传感器的作用。如果鱿鱼爪很快打卷，就是最合适染布的水温，就会立刻指挥工人把棉布放入染缸。

此外，工业软件也可以构建智能系统。工业软件由编程语言、系统软件、应用软件和介于两者之间的中间件组成。它们是数字化革命的成果，是信息技术与工业技术相结合的产物。数字化的所有基本功能，其实都要依靠科学效应来实现。例如，电场形成了计算的 0 和 1，磁场形成了存储的 0 和 1，电磁场形成了无线网络的 0 和 1……因此，软件也仅仅是调用底层硬件通过科学效应来执行各种功能的计算机指令的程序集合。

由上述案例可以看到，很多人造系统中的智能，都由长期的工业技术积累所形成，利用科学效应来实现，系统有明确的状态感知和信息输入与输出，能够自动决策，执行结果快速而灵敏。它们可以由机械技术来实现，可以由生物技术来实现，也可以由电子技术来实现，或者综合实现。对企业来说，任何工具的使用，都要以实用为根本。在能用电子驱蚊器、喷雾器、紫外灭蚊器等技术手段来驱蚊、杀蚊的地方，就不需要用高射炮来打蚊子了。工具适用且有提升和改进的余地，才是最佳选择。

2. 智能制造——让设备变"聪明"

智能制造的原理并不难懂！网络无所不在，知识在任何场景下都会以数字化形式调用，为了满足个性化定制的需求，就要尽可能使用更多的数据流动，尽可能减少成本物耗。关于这一点，企业要做到两点：首先，要在充分认识自身发展水平的基础上，找到一个适合企业自身条件和发展方向的快速提升路径。其次，要让企业里的机器设备变得更加柔性，机器上的数据更加有序。

只要机器设备比较聪明，比如，能够自动感知人的存在而不伤害人，能够修改几行软件代码来调整机器功能，能够在变动的情况下自我调整生产节拍，能够自动识别并剔除缺陷产品，能够长时间、高质量地生产产品……就能替代大部分人的体脑工作，就能释放巨大的生产力，甚至改变生产关系。而构建这样的智能系统，不一定需要人工智能的介入，只要使用工业智能，就能基本上实现。因此，大力发展以初级智能系统为核心的工业智能，就能让设备变得更"聪明"，这也是企业走向智能制造必经的初始路径。

那么，如何才能让机器设备"聪明"起来呢？京东推出了"超级APP"。基于京东智能云，京东向终端消费者提供了一个工具，用户只需下载一个APP，就能连接控制所有的产品，实现互联互通；某智能家居平台一端对接家电企业，另一端对接传感器厂商，就能实现两者的互联互通。此外，还有能跟孩子交流的音箱、能够自动调节亮度的电灯、能够自动"判断"白天还是夜晚的窗帘、能够智能疏通车流的交通信号灯等。这些研发和应用都能让设备变得更"聪明"，都是企业走上智能制造的初始路径。

总之，工业智能源于工业领域的长期积累，人工智能源于信息领域的信息研发及应用，要实现智能制造，首先就要清晰地认识到工业智能和人工智能两种智能，然后将两种智能进行借鉴和融合。对于目前的中国制造企业来说，今后智能制造的主流发展方向是：以工业智能为基础，逐渐融入人工智能。而这也是更适于中国企业的智能制造之路。

第五章
服务型制造

服务型制造是基于制造的服务和面向服务的制造，是基于生产的产品经济和基于消费的服务经济的融合。作为一种新的制造模式，服务型制造追求的是以客户为中心、以服务为导向的最终实现制造价值链中各利益相关者的价值增值。为此，企业需要把握从纯加工到服务型制造的时代大趋势，分析服务型制造的内涵，更重要的是满足服务型制造的条件，并遵循服务型制造的路径，创造制造型企业的服务也要选择适合自己的服务型制造的收入来源。

一、从纯加工到服务型制造

1. 大宗商品乱斗，竞争必将陷入死循环

当下消费市场是一个大宗商品乱斗的市场，所谓大宗商品指的就是由于竞争者的技术和产品质量的进步，而导致的产品功能、形状、质量等因素基础没有差别的产品大量出现并进入市场。这种现象，导致了竞争者之间以价格为主导的激烈竞争的出现。我们知道竞争如果以价格战为主导因素，那么这种竞争将陷入恶性循环之中，不能自拔。而面对大宗商品涌入市场，最为关键的制胜因素就是客户的忠诚度和满意度。

著名的经济学家厄尔·萨瑟对典型客户关系管理进行了全面的研究，结果显示客户忠诚度是左右企业盈利的关键所在。萨瑟还对客户忠诚度和客户满意度之间的关系进行了研究，研究结果显示二者之间的关系因不同业界的竞争程度的高低而不同。例如，20世纪90年代，美国英特尔公司拥有独特的技术，形成一家独大的局面，这样就导致了即便客户满意度不是很高的时候，还是拥有很高的客户忠诚度。而在视听产品，如DVD、CD等竞争激烈的行业，由于存在大宗的产品，所以有很多的替代品出现，这样就导致了顾客满意度作为提高顾客忠诚度的关键元素现象的出现。

2. 唯有提高软制造实力，才能重建客户满意度和忠诚度

当下是信息化社会，信息产品的更新速度日新月异，令人应接不暇。因此，在产品的竞争之中，就出现了许许多多的替代品。这时要建立客

户满意度和忠诚度，就必须着力提高自身的软制造实力。所谓的软制造实力，指的就是增加产品的附加价值，提供更有魅力的服务和解决方案，以及产生关于产品的构想和机制。这些通常都是看不到、摸不着的，但是其对提高顾客对产品的满意度和忠实度，却有着至关重要的作用。

在激烈的产业竞争中通过服务实现差异化的成功案例中，戴尔算是非常典型的一个。一说到戴尔，人们很容易想到"戴尔直销模式"，而它恰恰是通过全球庞大的直销网络建立了一个可以反映不同市场区域实际情况的软制造实力体，通过这个系统戴尔可以向顾客提供高性价比的产品以及到位的售前和售后服务。戴尔针对大客户组织了业务团队，目的就是以长期的优质服务，建立长期的关系。针对使用戴尔产品的顾客，它们通过数据库里不同产品的数据信息和不同顾客的使用环境，为顾客提供了优质的售后服务和销售服务。戴尔如此优质的软制造实力，为戴尔产品建立了极高的顾客满意度和忠诚度。原因很简单，因为在同价位的产品中，得不到有如戴尔这般到位的售后服务。

汽车行业里有类似于戴尔这种提供优质服务的就要说丰田旗下的凌志了。凌志向来是以"追求一流质量"为目标，因此在汽车的性能、质量、销售、售后等方面都竭力提供优质的服务，把握每一个和顾客对接的机会，力争让顾客感受到非同一般的舒适和惬意。凌志安装了一项名为"车载资通讯系统"的服务项目，其实质就是一种利用汽车为顾客提供的服务。传统企业与客户对接的服务仅限于维修、验车、定期检查，而这项服务的推出让凌志能够更为深入地与顾客进行接触和互动，从而提高顾客的满意度。

戴尔和凌志就是通过提高自身软制造实力，来提升顾客满意度和忠诚度的实例，借此也提高了其市场的占有率。通过这两个成功的案例，我们也可以看到，软制造在大宗商品乱斗的市场竞争机制下，已经成为一个重要的趋势和前景。

然而，在这种大趋势的演进下，想要从服务着手，争夺市场占有率的企业不在少数，成功的却很少。原因有很多，有的是缺乏实质而有效的软制造策略，有的是突然增加的软制造增加了不必要的营业和服务成本，有的是实施软制造却不能够提高同类产品的差异化，等等。这些原因的存在也说明了制造业的软制造压力越来越大，已经逐渐成为滞绊企业突围，拓展市场的关键因素。

就我国制造业的现状来看，我国制造业的软制造压力虽然也逐渐凸显出来，但是这种压力建立在我国软制造还没有大幅度展开的基础之上，是制造业面临的一种向软制造思维过渡的压力。尤其是我国的制造产品在产业转型和升级的当口，仍旧处于一种以价格战为主要竞争主导的情况下，软制造越发成为我国制造大企拓展市场，创造世界名牌的绝佳路径。

软制造对于提高顾客满意度和信誉度具有极大的推动作用，而制造企业也由此会获得难以估量的收益和回报。下面我们就详细地看一下制造业中软制造给企业带来的高收益前景。

二、认识服务型制造

当前，全球制造企业的服务化趋势越来越明显：EMS（工程、制造、服务）的蓬勃发展，Flextronics、富士康、IBM等由产品到集成产品服务系统的建立，企业由物理产品/服务供应商向综合性系统解决方案供应商转变，用户由购买产品到购买效用的巨大转变……所有这些，都表明服务型制造已经成了先进制造业最重要的特征。

我国政府制定的产业升级策略是发展世界先进制造业，构建现代服务业体系，由传统工业迈向先进制造业和现代服务业。广东曾经作为我国改革开放的先头军，现如今也成为产业升级战略的先头军。2008年年底，广东省政府制定的目标是：打造若干规模和水平居世界前列的先进制造产业基地，培育一批具有国际竞争力的世界级企业和品牌，发展与香港国际金融中心相配套的现代服务业体系，建设与港澳地区错位发展的航运、物流、贸易、会展、旅游和创新中心。珠三角是我国经济最发达的地区之一，也被广东省政府定位于世界先进制造业和现代服务业基地，建设以现代服务业和先进制造业双轮驱动的主体产业群。

鉴于服务型制造的重要性，我们非常有必要对服务型制造进行全面的认识。

1. 从服务角度重新认识制造业

根据专业分析，在制造企业为客户所提供的产品和服务当中，生产所创造的价值约占三分之一，服务所创造的价值约占三分之二；而在交货周期当中，生产所占的时间约为十分之一，而服务过程所占的时间则为十分之九。

由此可见，服务在传统制造当中所占的比重其实也不轻，只是服务所创造的价值没有得到充分体现。而实际上，任何传统制造企业都不可能完全撤除服务而进行单纯的制造，售前服务和售后服务是必不可少的部分（见图5-1）。

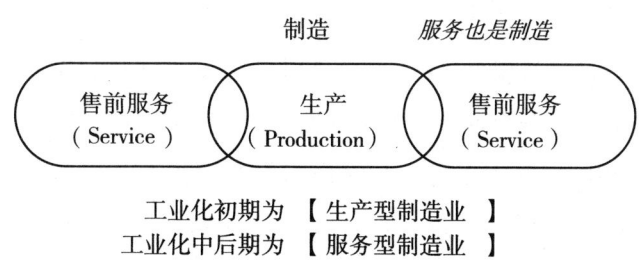

图5-1　对制造的完整认识

在工业化初期，制造的主要形态为生产型制造业，而在工业化中后期，制造业的主要形态为服务型制造业。服务是制造的一部分，这是当前应该建立的对制造的完整认识。

2. 服务型制造的五个主要特征

服务型制造是制造业和服务业融合发展的新模式，是为了实现制造价值链中各利益相关者的价值增值，通过产品和服务的融合、客户全程参与、企业相互提供生产性服务和服务性生产，实现分散化制造资源的整合和各自核心竞争力的高度协同，达到高效创新的一种制造模式。

服务型制造有五个主要特征：一是面向生产的服务（Production Oriented Service）；二是面向服务的生产（Service Oriented Production）；三是顾客成为"合作生产者"（Co-producer）；四是自发形成和高度协同的服务型制造网络；五是基于制造的服务，为服务的制造。

由此可以看出，服务型制造强调基于市场需求的产品和服务集成，不是盲目的生产、孤立的制造，不是闭门造车，而是基于资源整合的协同制造，而且具备服务能力。

3. 服务型制造的收入效益

传统制造是从硬件的角度来增强企业的生命力；而服务型制造也是在硬件的基础之上，为客户提供的投资规划、投资策划、系统的设计、系统的集成和软件设计、软件集成（或者叫信息集成）等。比如客户成为企业的消费者以后，具有规范化的服务型制造企业，就可以分别对客户进行系统的后续服务。这是给企业带来服务性收益的重要来源。因此，企业就必须从客户的角度去深入考虑，为客户提供技术咨询、技术改造，还要尽力为客户专门开发专利、销售专利，还可以为客户提供实验服务、实验报告、实验体系建设等。因为我们要做产品，肯定要符合国家的技术法规，而我们销售产品，就必须保证考虑顾客的满意度。企业必须确保产品的可靠性，确保它的符合性、一致性和稳定性。企业拥有独特的核心资源，并且有能力运用这些资源，为客户提供服务。当然，这种服务也是相对于企业产品最权威性的服务，因此顾客会对企业产生更多的信赖感。

服务型制造是在产品的基础之上调整出的一种对顾客更具吸引力、能够提高顾客忠诚度和企业信誉度的策略。而这种策略深层次的价值是难以衡量和体现的。制造企业服务性的收入随着其服务型制造的越来越完善，可以达到硬件收入的30%以上，或者说其销售收入的30%来源于服务。当然，这就需要我们去建立相关的核心能力和相关的模式。

4. 服务型制造支撑服务经济

后工业经济时代，服务型制造是服务经济最重要的支柱。服务和制造已经有机结合、密不可分，无法完全把二者决然分开。

麦当劳既是制造企业，又是服务企业，麦当劳还是典型的精益生产，其"柜台+制作间"模式就是典型的"基于服务的制造"，因为麦当劳构建了有优势的可复制模式，同时具有很强的复制能力，因此，它还是"基于制造的服务"。如果看到麦当劳整个供应链，看到麦当劳的商业模式，我们就会发现，麦当劳是典型的"第六产业"：把第一产业（农业）、第二产业（工业）和第三产业（服务业）打通，既靠农产品（原料供应）赚钱，又靠品牌输出赚钱，还靠商业地产赚钱。通用电器每年要为中国各级政府开设若干期培养班，帮助中国各级政府培养中高级的官员。其实，通用电器只不过是个制造企业，而它却将触角伸进了与其相关度不大的政企之中。这不得不说是通用电器的一个创新。我在松下电器任职时的总经理，就专门跑到美国通用电器学习了三个月，而且学费是非常昂贵的。所以，它提供的这些服务对于市场有很大的吸引力。我们仔细想一下，一个搞制造出身的企业为什么要办学校、办企业大学，为什么要给毫无关联的企业，甚至是政府提供人才培养的服务？其实说白了，企业做到一定程度之后，就掌握了核心技术，如何做企业、如何搞经济、如何做规划，这些东西都已经系统化了，它就具有了足够的能力为顾客去做这些事。而做这些事的同时，也吸引了更多的企业成为它的顾客，何乐而不为！这两个案例都充分说明了服务型制造所支撑起来的独特的服务经济，这是企业竞争力的核心因素。

三、服务型制造的条件

服务型制造是制造企业产业升级战略的重要方向，但是对于我国众多还没有完成产业升级战略的企业来说，它们还不能完全彻底地看到服务型制造所带来的巨大优势。下面我们从国外的诸多国外制造企业的实例，来看一下服务型制造的具体表现，从侧面了解一下服务型制造的优势。其实，这些具体表现也可以看作服务型制造必备的条件。

1. 服务型制造表现之一：软件代替硬件

由于信息技术突飞猛进的发展，软件可以替代硬件已经是不争的事实。以苹果手机为例，它的软件就可以替代硬件。如果把 iPhone 收起来，让您说出"照相机""收音机""计算器"等词汇，您头脑中一定立即浮现传统硬件产品的形象；而现在，拿出 iPhone，它这里面什么都有了，上述功能全部都通过软件实现，甚至传统手机的硬件按钮都被取消。

用软件替代硬件，可以大幅度降低制造成本。因为传统硬件的成本是变动成本，成本与产销量成正比，产销量越大总成本越高；用软件替代硬件，软件成本是固定成本——技术人员的工资是相对固定的，产销量越大，分摊到每一台产品的成本就越低。同时，我们也可以看到，优质的软件服务本质就是服务型制造。因为苹果手机中可以提供优质的软件服务，所以它占据了相当大的市场份额。

2. 服务型制造的表现之二：重视系统创新

有鉴于此，日本东京大学名誉教授木村英纪2009年5月12日在日本《经济学人》周刊上发表文章，他大声疾呼日本亟须改变技术发展模式。他在文章中写道：

从明治维新开始引进西欧现代技术后，日本的技术一直保持了"劳动密集型"的特点。在独特的技术与劳动机制下，日本创造出了独特的技术开发模式。

日本的技术人员具有欧美人所缺乏的各种特长。日本人擅长通过共享经验，建立大家心领神会进行沟通的小组。与此同时，公司总经理有身穿工作服与员工一起流汗的作风，技术人员有不断完善产品的执着。

在与西欧"资本密集型"技术较量的情况下，日本社会孕育出了日本独特的技术文化。

如果说自工业革命以来，技术进步是从工具到机械、再从机械到系统的"顺方向"，那么日本发挥了"劳动密集型"技术的特长，出现了从机械到工具、再从系统到机械的"逆方向"，对"顺方向"进行了补充。

驱动"顺方向"技术的是"普遍化"。如果说"普遍化"这个词有点模糊，那么可以说成"技术科学化"。简言之，技术的"精髓"被写进了教科书，只要有一定知识的人做出努力，就能理解技术并加以应用。

理论、系统和软件构成"三位一体"，体现了一般化的发展趋势，主角由硬件变成了软件。但是，令人遗憾的是，日本技术最薄弱的正是理论、系统和软件。

在日本，一些领域加快了技术主角由硬件变成软件的步伐，但总体上落后于发展趋势。轻视系统思维是危险的。

技术的主角名副其实地由硬件变成软件,大概是在从20世纪走向21世纪的转折期。应当把这一时期看作技术跨越分水岭的重要转折期,这是从制造到创新的转折。制造和创新不是对立面,而是相辅相成。

"劳动密集型"技术是以人为主的技术,其发挥作用的条件是拥有大量高素质的劳动力。日本这一条件开始产生动摇,是在工资成本上涨的20世纪60年代经济高速增长期以后。此外,少子老龄化的趋势破坏了"劳动密集型"技术的基础。尽管如此,"劳动密集型"的技术文化却根深蒂固。这是日本制造业存在的严重问题。

机械变得越来越复杂的同时,人们开始重视连接机械的系统这一无形技术。在操控系统上,机械与机械、机械与人之间的通信不可缺少。因此,必须通俗易懂地将系统的功能、结构和性能表现出来。心领神会是行不通的。在复杂的系统设计上,软件的作用至关重要。

上面的这段话为企业的产品研发提供了最重要的创新思路,产业人士有必要仔细思考和品味。

3. 服务型制造的表现之三:打造整体解决方案的能力

信息化社会,信息技术(IT)日新月异,由于信息技术带来的系统整合、技术和信息集成、技术突破、服务速度、多维实时互动等诸多革命性变化,使现代企业之间的竞争形态也发生了彻底的变化,打造整体解决方案能力是全面满足客户需求、提供个性化服务、提高客户忠诚度的重要能力,也是迈向服务性制造最重要的条件。

整体解决方案是以客户的消费需求为中心,为客户提供"一站式"服务,又称"系统解决方案"。整体解决方案不仅提供产品的销售,还提供相关的技术服务、维修保养服务、使用培训服务、金融保险服务等系列服务,其目的是扩大销售和从服务上增值。

打造整体解决方案能力是制造企业向服务型制造转型升级的关键，不但要能够全面把握客户需求，更要全面具备满足客户需求的各方面能力：营销能力、技术能力、制造能力、工程能力、培训能力、融资服务能力、顾问式服务能力。

整体解决方案是现代商业服务的必然产物，在产品高度同质化的今天，整体解决方案可以创造差异化服务，改变利润增长点，创造新的盈利模式。

4. 经典案例：海德堡公司的理念、系统、软件、硬件和人才一体化解决方案

海德堡印刷机械股份公司（以下简称海德堡公司）是全球印刷媒体业首屈一指的解决方案供应商，在全球单张纸印刷机市场上已占据四成以上份额，被誉为"全球印刷媒体行业掌舵人"。它也是全球服务型制造的经典案例。

在国际经济合作与开发组织的主要工业化国家市场中，海德堡公司始终是领军企业；它在全球 6 个国家中设有技术研发与生产基地，此外还拥有约 250 个销售分支机构，向全球逾 20 万用户提供服务。

海德堡公司销售额中的 85% 来源于自己的营销机构，而其中的 80% 以上又来自德国以外的国家和地区。在 2005/2006 财政年度中，海德堡公司在印刷、印后、融资服务等领域取得的营业额达 35.86 亿欧元，净利润达 1.35 亿欧元。截至 2006 年 3 月 31 日，海德堡集团全球共有 18716 名员工。海德堡公司的这些成绩，很大一部分是因为其优质的服务型制造。

当有客户提出购买印刷机械意向的时候，海德堡公司会先了解顾客的采购背景：是老设备更新换代，还是扩大产能，还是新建工厂？如果是设备更新换代，就会进一步了解客户现有哪些印前设备、印中设备和印后设备，他们是如何布局、如何进行生产组织的？是否存在布局混乱、流动不

畅的问题？如果是扩大产能，客户是新建工厂还是并购其他企业？如果是新建工厂，则要了解客户的投资计划、产销规划、厂房设计、设备布局和生产计划等。

对客户需求进行系统的分析之后，海德堡公司会对客户着重进行其所需要的服务。

一是现有工厂精益化。通常，对于客户现有印刷工厂，海德堡公司会建议客户利用印通技术，把其印前设备、印中设备和印后设备集成在一起，前后全部打通，必要时调整设备布局，减少中间的等待、库存和搬运，缩短交货周期，降低生产成本，实现精益印刷。利用海德堡公司的印通技术，可以实现实时订单管理：接单时准确预算成本、有效报价，接单后实时管理订单，订单执行到哪一步、当前已发生成本、当前预计的最终成本、预计的交货周期、是否需要特殊处理等，都可以实时得到系统反馈和提示。

二是新厂建设服务。对于客户的新厂建设，海德堡公司可以提供投资规划、新厂规划、厂房设计、系统构建、设备供应和融资服务，帮助客户提高投资效益，降低投资风险，最终确保投资回报。

三是印刷机远程诊断服务。2005年，海德堡公司通过技术创新，成功申请了印刷机远程诊断技术专利，开始为客户提供远程诊断服务。例如，北京某企业购买了海德堡印刷机械，这台设备只要在北京一开机，海德堡公司德国总部就知道了。系统自动开始全过程监控这台设备的运行状态，一旦发现不好的趋势、故障的迹象等，监控系统立即报警，不但通知德国总部技术服务人员，还同时在客户端报警。这时，海德堡公司总部会立刻联系北京客户，提供相关技术支持，必要时调派深圳技术中心的技术人员飞到北京，与客户一道进行现场技术解决。当然，前提是客户购买了海德堡公司的远程诊断技术服务。

四是专业人才培养。海德堡印刷媒体学院开设内容广泛的培训课程，运用自身的技术、市场、服务和制造优势,为客户提供各类人才培养服务,全方面满足客户的深层次需求。海德堡公司可以帮助客户培养印刷专家、色彩专家、印机机长、设备维护人员、印刷机械专家、印刷行业精益生产专家等,还提供全球权威的相关资格认证和技术认证。

五是整体解决方案。海德堡公司向客户提供有关印刷行业的整体解决方案,全面覆盖产品、软件、系统、技术服务和人才培养等(见图5-2)。

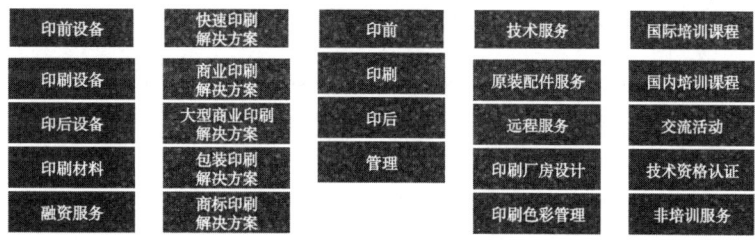

图5-2　海德堡印刷机械的整体解决方案

六是体验式营销。海德堡公司非常重视在全球范围搜索人才、培养未来的忠诚客户,兼具公益和营销双重效果的全球人才计划,创造了非常好的社会效益和企业效益。2010年8月10日至21日,"海德堡大专印校暑期师生技术交流"活动在深圳印刷媒体技术中心圆满落幕,来自华东、中南、西北及中国台湾八所大专印校的在校师生共同参与了本次活动(见图5-3)。

图5-3　海德堡大专印校暑期师生技术交流活动

海德堡公司作为全球印刷领域享有盛誉的一体化解决方案供应商,与各大印校紧密合作，致力于推动印刷行业的发展。人才是未来保持行业兴盛的原动力，置身于印刷技术突飞猛进的新时代，培养高素质、高技能的应用型人才成为各大印校当前最紧迫的任务。海德堡公司帮助高校师生建立起这一强大的学习与技术交流的平台，在印刷行业日趋规范化和标准化的今天，有利于他们深化专业知识，拓宽视角，通过不断提升站在行业发展的最前沿。

总体来说，海德堡印刷机械的服务型制造，完全可以用一体化解决方案模型完整表述，企业向客户提供理念、系统、软件、硬件和人才五大服务，全方位满足客户的需求，卖硬件产品赚钱只是其中之一（见图5-4）。

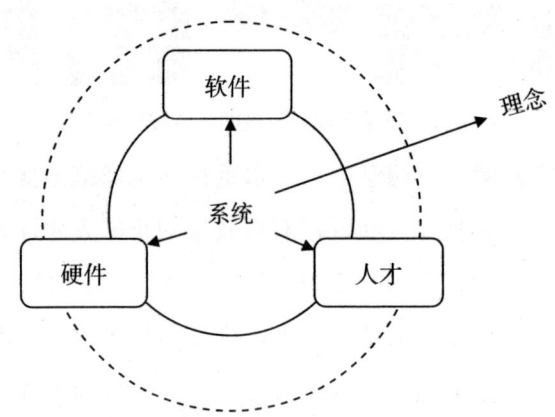

图5-4　整体解决方案：一体化解决方案

全球化、网络化的全面发展趋势，要求企业不但要掌握产品核心技术和工艺核心技术，还要掌握信息技术来满足信息集成、技术集成、系统集成、服务集成和实时互动的需要，可以说，企业如果没有系统架构师，在可预期的不远的未来，其竞争力的丧失将以加速度进行，企业经营必将面临诸多困境。

四、服务型制造的践行路径

服务型制造是制造企业产业升级战略的主体内容之一，技术、设备、管理系统等升级的同时，也应该同步完成服务型制造的升级战略。而践行服务型制造，就必须突破固有的思维定式，深入企业结构内部，采取精准、到位的升级措施。

1.摒弃价格战思维定式

我国制造企业要摒弃价格战的思维定式，因为价格战说白了是愁吃愁穿时代的产物，而价格战的本质是透支未来——把本来应该留给品牌沉淀的利润提前放弃了，还给自己贴上了一个"低价格"的标签，在消费者心中形成"低品质"的采购记忆，以后要走高端路线就非常困难。

服务型制造因为具有极高的技术含量和人文含量，在全新的高度对企业提出了更高的要求。由纯加工向服务型制造转型，固然需要一定的持续投入，这些投入最终将沉淀在企业的品牌当中，企业将在后来持续获得品牌回报。

2.突破性地提高硬件产品生产能力

硬件产品是满足客户需求的重要载体。突破性地提高硬件产品生产能力，首先就要做到精品质量，做到在最短的交货周期高质量、低成本地生产适销对路的产品，并能快速响应市场，满足客户的个性化需求。

这是对企业精益生产和精品质量的要求。

3. 从硬件生产能力向软件开发能力延伸

硬件和软件是系统的两大组成部分。软件是联结机械与机械、机械与人、系统与系统的通信手段，是实现系统集成的关键技术，利用合适的界面通俗易懂地将系统的功能、结构和性能表现出来，软件是系统联动、人机互动的重要手段。有了硬件等于有了生理躯壳，有了软件，产品才算有了神经系统。

对于诸如注塑机、摩托车等这类有形产品，同行业不同企业之间的差异更多地体现在软件而不是硬件上，客户在采购选择时更多的是注重软件的差别而不是简单的硬件差别。例如，汽车的IT水平（自动化程度和人车互动设计）代表了企业的竞争力，消费者的兴奋体验更多地来自驾驶时带来的身心愉悦。传统汽车的雨刷器是手工的、定速的；现代汽车的雨刷器是自动的、变频的，这让消费者意外和惊喜，点滴汇集，形成消费者的兴奋记忆。

有了软件，才能向产品注入灵魂。软件承载和表现的功能，体现了产品提供者的价值观、经营理念和人性关怀，顾客能够在一点一滴之间用心感受到产品背后的一群产业人。

对于像奶粉等这类消费品，产品的软件设计则更多地体现在产品的细分设计，以及产品销售环节体现的贴心服务：像客户一样关怀自己孩子的身心健康、茁壮成长，多阶段奶粉体现的就是这样一种父母心，这样一种人文关怀。这就需要奶粉制造企业掌握核心技术——医学技术甚至基因技术，同时要有大善大爱的人文精神。所以，国际化奶粉企业都养着一批科学家。与之相比，中国众多奶粉企业的差距有点大了。

软件可以替代硬件，这在最大限度上减少了资源消耗、保护了地球环境，这是对人类的最大贡献。因此，提高软件开发能力，才能在先进制造业和先进制造技术的思想指引下，由传统制造迈向服务型制造，由传统制造业迈向先进制造业。

4. 从软件开发能力提高到系统构建能力

客户的需求不是点状的，而是系统的。系统需求需要系统方案来满足，自然就需要建立企业的整体解决方案能力。

父母买奶粉是希望孩子身心健康、茁壮成长，要使孩子身心健康、茁壮成长，就不能只靠奶粉。就算是只买奶粉，孩子在不同阶段的身体发育对营养和微量元素的需求也是不一样的，于是就衍生出多阶段成长奶粉。需要特别说明的是：多阶段成长奶粉不是将相同的奶粉分别装进不同的包装、印上不同的"阶段"，这是典型的商业欺诈行为。企业失信、道德沦丧，是企业的价值观出了问题，这种做法最终只会自欺欺人，被消费者所抛弃。

不要低估了消费者的智慧。这是企业经营者必须建立的第一认识。

由点到线、由线到面、由面到体，全面把握客户需求，就能将产品延伸到整体解决方案，企业的事业边界由此延伸、扩张，慢慢变成一个大的事业领域。

日本雅马哈公司从事的不只是钢琴生产，而是音乐事业。目前已在中国开设了若干家直营店及音乐教室，并且取得了良好的口碑和信誉，为中国众多热爱钢琴艺术的朋友提供了优越的艺术文化氛围。

这家由修琴匠创办的乐器企业，凭借其一直秉承的前沿技术和精湛工艺，在更广范围内向人们提供产品和服务。如今，雅马哈在乐器、视听产品、信息技术、新媒体业务、家具、汽车配件、特种金属、音乐教育以及度假村等商业领域一直处于领先地位。正如雅马哈的音乐起源一样，无论从事什么行业，无论在哪个国家，雅马哈始终追求公共价值的完美协调，正是这些形成了宽广无边的雅马哈世界。

要打造企业的整体解决方案能力，需要企业具备系统构建能力，包括事业价值观（对人类共同利益的认识）、系统结构设计与集成、软件开发及应用、硬件设计和生产、服务设计及全方位提供等。

5. 从系统构建能力向个人培养能力延伸

既然企业能够构建系统、开发软件和生产硬件，具备了技术能力，就意味着可以向客户转移这些技术能力，这就变成了企业可以销售的人才培养服务。

做产品之所以要知其然，是因为知其所以然。做服务之所以要让客户知其然，也是因为让客户知其所以然。比如，奶粉制造企业可以开办医院，注塑机制造企业可以开办模具学院，钢琴制造企业可以开办音乐教室甚至音乐学院，电脑制造企业可以开办IT学院……

技术转移带来的人才培养服务，可以满足高端客户的高层次需求，为客户提供超高的附加价值，企业的高端品牌形象开始沉淀。

当具备了这样一种整体解决方案的能力，应对客户的点状需求、低端需求，自然就不在话下了。

6. 透视产品，升华事业

透过产品看到客户的全面需求，把企业从事的产品生产升华到为人类某个领域的共同利益，从文化和价值观上看待自身从事的事业，产品只是其中一个表现形式而已。

例如，作为日产在华乘用车事业的承担者，东风日产深得"技术日产"的精髓，创新而广泛地把日产先进技术应用在现有产品中，并结合日产新的品牌主张"Shift the way you move"和企业自身的发展愿景，提出了"技术日产人·车·生活"的品牌主张，旨在以国际领先的人性化科技，为中国消费者持续创造丰富的移动生活。东风日产，致力于改善中国人民的生活质量。

奶粉＝健康成长，钢琴＝音乐艺术，汽车＝多彩的移动生活……如果将这些结合到人类的共同利益——健康和环保，企业的经营理念和事业层次将具备长久的生命力和持续的竞争力。

7. 能力集成，加强内部专家队伍建设

要向服务型制造转型升级，必然要求企业拥有一支既懂技术又具备服务能力、既能单兵作战更能团队协同的内部专家队伍，能够向客户提供精品和金牌服务。企业的专家队伍建设包括营销专家队伍建设、研发专家队伍建设还有运营专家队伍建设，这些专家不但在某领域非常专业，而且能够在相关领域融会贯通，既是专才又是通才。

在传统制造当中，车间主任只需要掌握生产组织能力，能够在生产管理岗位上为企业创业绩、带队伍、传文化就行了。

在服务型制造企业，车间主任不但要能承担上述职责，而且还能够为客户提供生产过程培训、参与售前售后服务、支持工程安装，甚至为客户讲授生产管理课程。

服务型制造使企业的经营边界在深度和广度上得到扩张，自然需要企业在能力边界的深度和广度上扩张，这样才能支撑"30%以上的销售收入来源于服务"的需要。

五、服务型制造的收入来源

企业 30% 的销售收入来源于服务是服务型制造的基本特征之一。因此，服务型制造可以为制造企业创造丰厚的利润。以海德堡公司为例，它的服务性利润主要来自系统硬件服务（印前制版设备＋印刷设备＋印后加工设备）、系统软件服务（将所有印刷生产步骤整合起来的软件系列）、全面服务（零备件、耗材、二手设备以及设备维修）、人才服务（海德堡印刷媒体学院开设内容广泛的培训课程）和高端服务（协助用户制订投资规

划，并提供融资便利）。所以，总体而言，企业服务性收入的来源可以分为四大类，分别是：系统开发和维护、技术开发和维护、产品开发和维护、专才和通才培养。（见图5-5）

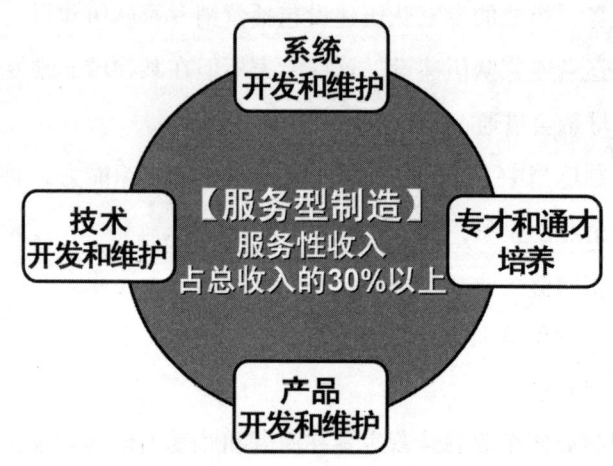

图5-5　服务型制造的四大类收入来源

1. 系统开发和维护带来的服务性收入

企业具备系统构建能力，可以帮助客户在相关的专业领域进行相关的投资策划和规划，为客户进行系统设计和集成，可以通过软件设计或集成帮助客户进行信息集成，还可以作为专业机构为客户提供施工技术监理服务。

有了上述服务，购买本企业的硬件产品自然不是问题，客户还可能将整个项目或局部项目完整地交由企业负责提供整体解决方案，"交钥匙工程"就是例子。

2. 技术开发和维护带来的服务性收入

企业掌握核心技术，可以帮助客户建设技术管理体系，提供常年技术服务（技术外包），甚至承接客户的服务外包。

在2004年TCL收购法国通信公司阿尔卡特之前，TCL为阿尔卡特做了多年的贴牌生产（OEM），其间，作为中国区域阿尔卡特手机的售后服务外包方，TCL通信设立了覆盖全国的手机售后服务网络，为TCL通信（手机）事业的发展奠定了重要基础。

此外，企业还可以凭借自身技术能力，提供技术咨询、技术改造、信息集成甚至专利销售等服务。

实验服务也是企业向客户提供高附加值服务的一个重要方面，很多企业拥有非常专业、系统的实验能力，建设了国家级甚至世界级的实验室，完全可以接受客户的实验要求，出具权威的实验结果、实验报告，还可以帮助客户建设实验室和实验体系，提升客户的技术能力。

3. 产品开发和维护带来的服务性收入

为了取得订单，企业需要向客户提供售前服务。客户购买了企业的硬件产品，企业有义务向客户提供售后服务，包括保内的、保外的，无偿的、有偿的。

既然企业可以开发、生产硬件产品，就具备了产品的设计、运行和维护能力，包括紧急维修、计划性维护、年度大修等服务，还包括配件、备品、备件、消耗材料等的供应。

企业还可以为客户提供技术支援、技术咨询，如故障解析、异常对应和技术改造（适应性改造）等。此外，通过网络和软件，可以把企业和客户联系起来，提供在线管理、在线服务，实现远程互动，便捷、高效地为客户提供实时全方位服务。

随着产品的升级换代，企业还可以帮助客户处理二手设备。

4. 专才和通才培养带来的服务性收入

企业基于自身生存和发展所需要的系统能力、组织运营和人才培养，这些都可以转化成向客户提供的人才培养服务，包括技术（技能）人才培养、经营（管理）人才培养。

除了技术能力，企业同时拥有管理能力和经营能力，因为企业自身每天都在运营，如何面对内部环境和外部环境变迁带来的挑战？如何进行产业分析和战略定位？如何推动组织变革？如何建设企业文化？如何锻造国际化经营团队？如何开源节流？这都是企业必须思考和实践的问题。

财富无大小，个中有乾坤。麻雀虽小，五脏俱全。既然企业能够适应环境生存下来，每个企业都有其生存之道和生存法则，而这些都可以作为服务向外提供。

以技术人才培养为例，企业可以利用自身拥有的供应链资源、社会资源，组织客户进行行业联谊、跨行业联谊、专题研讨、区域论坛、趋势分析等外部交流，横向打通、纵向联合，满足客户思维开拓和资源拓展的需求。基于基础技术的操作培训、操作资格认证、技能提升培训、技师培养，帮助客户培养技能型人才；基于核心技术的技术培养、技术资格认证、技术等级认证、技术专家培养和技术明星培养，是高一层次的技术人才服务。最高层面，企业还可以帮助客户训练创新思维、掌握创新方法、提升创新能力。企业还可以帮助客户建设技术培训体系，构建完整的技术模块课程，培养技术类内部讲师。

再以经营人才培养为例，由于具备了组织生命力构建、全球竞争力构建的核心能力，企业还可以面向所有相关方提供经营人才培养服务，包括员工、股东、供应商、分销商、客户、政府、社区、公益组织（NGO）和社会成员等。

5. 经典案例：摩托罗拉大学

美国的摩托罗拉（MOTOROLA）公司创立于1928年，是世界财富百强企业之一，是全球芯片制造、电子通信的领导者。摩托罗拉公司为客户提供无缝移动通信产品和解决方案，业务范围涵盖宽带通信、嵌入式系统和无线网络等领域。无论是在家里、在车里、在办公地点还是其他任何地方，无缝移动通信都能让你联系到想联系的人、事物和信息。无缝移动通信最大限度地发挥了技术融合的力量，使通信变得更加智能、快捷、灵活，而且成本更低。

摩托罗拉大学成立于1974年，由摩托罗拉公司的第二任总裁鲍勃·加尔文发起，这位极具开拓精神和远见卓识的企业家一直有一个梦想，就是创立属于自己的企业学院，摩托罗拉大学就是这个梦想的结晶。

正如鲍勃·加尔文所预见的，摩托罗拉大学最终成为世界上第一个推动本企业发展为近400亿美元营业额的全球化高科技企业的核心动力之一。同时，许许多多的新生代企业家通过在摩托罗拉大学的不平凡学习经历实现了更多的企业理想。

摩托罗拉大学从创立之初就承担着研究与发展企业运营管理科学并有效地向摩托罗拉公司的管理人员与技术骨干传播相关专业知识的重担。摩托罗拉大学经过数十年的积累和创新，在亚洲，目前每年向摩托罗拉公司的各个部门以及摩托罗拉公司的合作伙伴和供应商提供多达数百次的培训。

摩托罗拉大学的宗旨是：通过提供业务咨询、培训、质量管理和领导力开发，成为摩托罗拉的客户、员工、供应商、合作伙伴和其他潜在客户最满意的学习解决方案的提供者，从而服务于全球范围内更大的摩托罗拉生态系统。

摩托罗拉大学的使命是：作为变革的推动者，通过突破性的业绩提升解决方案，与客户、员工、供应商、合作伙伴和其他潜在客户分享摩托罗拉同业之冠的实践经验，以期为其带来持久的财务成果。

摩托罗拉大学的核心竞争力是：摩托罗拉大学的产品和服务与所服务的客户组织的战略目标密切配合，以改善客户的业绩为最终目标。提供的业绩改善解决方案包含多样的课程、项目和服务。

摩托罗拉大学设有五个专业学院，针对客户的需求提供专业化的、一流的学习解决方案。这五个学院包括：质量学院、领导力和管理学院、营销学院、供应链学院和工程学院。五个学院主持开发能力模型和培训课程，并为战略性学习方案提供专业指导。具体来说，质量学院做六西格玛系列培训、绿带和黑带认证、项目咨询服务；领导力和管理学院提供领导人系列培训项目和各类管理训练，包括高级、中级、初级领导力项目；营销学院进行营销战略、营销管理和销售管理训练，包括高级、中级、初级销售经理培训；供应链学院进行全方位的供应链开发和管理培训，包括供应链管理、采购、生产管理、仓储和物流；工程学院提供工程技术人员的知识及能力的训练及认证。

摩托罗拉大学拥有强大的讲师团队和富有经验的咨询专家队伍。讲师来自三个渠道：公司内部、国内和海外学术机构和院校，其中50%的专家和教授拥有博士学位，30%拥有硕士学位。他们的相似点是既能讲授课程又能够提供咨询，特别是在软件成熟度认证、业绩改进六西格玛培训咨询和质量管理方面。摩托罗拉大学的讲师和咨询专家具有丰富的知识和超前的实践指导经验。他们的经验源于在摩托罗拉公司长年从事管理工作和担当专业技术骨干的经历，他们的优势在于既懂得技术又懂得管理，同时自己就是实践者。有些咨询专家更是具有多方面的才能，在教学、实践和学术方面均有建树。摩托罗拉大学选择的讲师和咨询专家都曾经是学术带头人、项目领导者，并在摩托罗拉大学有五到十五年的授课经验，很多人目前还在不同领域担任很高的职务。

摩托罗拉大学和一些著名的培训和咨询机构、优秀的大学和商学院以及企业内的学习组织建立了合作伙伴关系，它们当中有美国纽约州立大学，美国西北大学凯洛格商学院，瑞典斯德哥尔摩大学和中国的北京大学、清华大学、中国人民大学等。

第六章

世界级品牌

　　跨国公司从事的无国界经营，其本质就是服务全人类。世界级制造必然是世界级品牌，胸怀天下、放眼全球，从全球经济的高度进行产业分析、产业定位、产业布局和竞争力构建，打造世界级品牌的企业可谓百炼成"精"。这个"精"，不仅仅是企业掌握了核心技术、具备了核心能力，企业才能拥有长盛不衰的生命力，更是指企业建立了胸怀天下、放眼全球的思维和决策能力，能够从全球经济的高度进行产业分析、产业定位、产业布局和竞争力构建。打造世界级制造是我国制造业的共同方向和理想，而这个伟大战略的实施也是有路可循的。

一、品牌的力量

市场竞争是残酷的、激烈的，主要包括产品性能的竞争、服务竞争、信息竞争、价格竞争和信誉竞争等，竞争方式更是多种多样，而决定竞争结果的还是品牌实力之间的较量。品牌是企业最重要的无形资产。企业的品牌资产包括品牌知名度、美誉度（质量认可度）、品牌联想、品牌忠诚度及品牌的法律资产（商标权）。它之所以能够决定竞争的结果，是因为品牌形式下所富有的溢价能力，也就是品牌的营利能力。

品牌的溢价来源主要表现在三个方面，一是超高的知名度，二是精品质量，三是丰富的品牌联想（见图6-1）。这三者决定了同样品质的产品，因为品牌不同而卖出了不同价格。

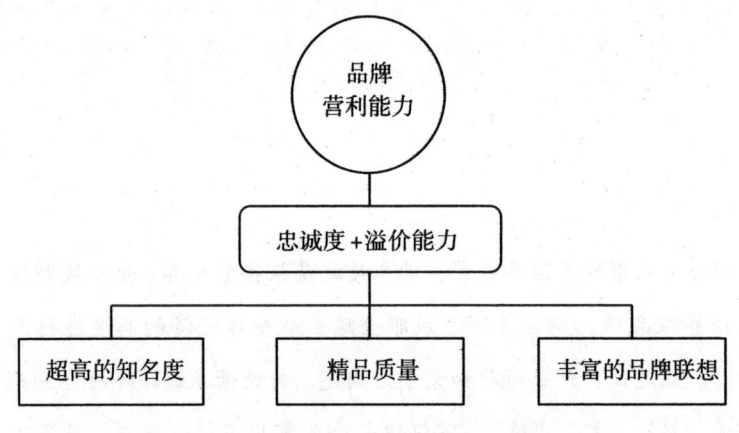

图6-1　品牌溢价三大来源

一件普通的衬衣也许只要40元，如果将这件衬衣贴上Prada、杰尼亚、登喜路等服饰品牌，价格将会是400元以上（这还是保守的估计）。从丑小鸭到白天鹅的巨大转变正是品牌溢价的鬼斧神工。

同样的产品，贴上不同的品牌，顾客的接受度就截然不同，市场售价也是天壤之别——有形的产品差不多，情感价值却差别很大，这是由消费者的消费心理决定的。所以，从某种程度上来说，品牌溢价能力是对消费者心理的把握能力，它将品牌塑造成消费者心目中的王者，在这样的心理作用下自然而然地就抢占了巨大的市场份额。这就是品牌的力量。"假如可口可乐的工厂被一把大火烧掉，全世界第二天各大媒体的头版头条一定是银行争相给可口可乐贷款。"这是可口可乐人最津津乐道的一句话，这是连续9年排名"全球最佳品牌榜"榜首、品牌价值高达700亿美元的可口可乐的底气。

品牌拥有强大的力量，具体来说有6大方面：惊人的品牌价值、商业优先机会、价值链增值、坚强的抗风险能力和非一般的发展爆发力。

1. 惊人的品牌价值

企业做产品，产品有产品的价值；做品牌，品牌也有品牌的价值。产品可以贩卖，品牌也能贩卖。这种贩卖其实表现在价格形势上，就是对品牌无形价值的评估。例如，可口可乐的品牌价值高达700亿美元，IBM的品牌价值达到了600亿美元，而民族企业海尔和联想的品牌价值也分别达到了800亿和700亿人民币。

品牌的无形价值是一个长期富集的过程，它需要数代人不懈地努力、拼搏、付出，才能够换来今天的成果。

2. 品牌带来商业优先机会

"品牌带来商业优先机会"的意思是，消费者在同类产品之中，选择影响力强大的品牌的机会要比选择弱势品牌的机会大。有关专家对成熟市场进行过统计，他们发现：在某一个行业，消费者最多只能记住7个品牌，而第一品牌的利润是第7名的7倍！知名品牌往往使消费者与对应的需求产生联想，一提到这种需求，消费者会立即想到第一品牌。

在欧美，人们提起"复印机"，第一反应就是"理光"，即使是总体实力远超理光的惠普和爱普生也不能改变其地位。可以想象，理光的代理商、运营商获得多少超乎其他品牌的商业优先机会。

3. 品牌带来价值链增值

这是一个渠道为王、决胜终端的时代，现代企业竞争是供应链的竞争。品牌带来的商业优先机会使整个供应链增值，使企业整合优势供应链资源具备了优先条件。

全球体育用品巨头耐克目前在亚洲拥有600多家合作代工厂，在中国的渠道主要交给百丽、达芙妮等本土品牌。为何厂家愿意生产耐克鞋、众多渠道商愿意代理耐克鞋？因为耐克品牌带给他们非同一般的利润价值。

4. 品牌带来坚强的抗风险能力

品牌忠诚度体现在消费者的重复购买、不离不弃、矢志不渝的消费行为。这长期提高了企业应对市场变化的能力，特别是在经济低迷和发生危机事件时，消费者的品牌忠诚度往往是最后的关键。

2008年，一场前所未有的金融风暴席卷全球，各行各业经历了一次大洗牌。事后人们能发现，苹果还是那个苹果，继续以其"极简美学"风格在全球消费电子市场呼风唤雨；波导还是那个波导，在中国市场都已不能再呼风唤雨，更不用说在世界范围内和诺基亚、摩托罗拉、三星、苹果竞争了！可见，强大的品牌优势是抗击市场风险的一种有力保障，能够给企业带来强大的抗风险能力。

5. 品牌带来非一般的发展爆发力

品牌力和发展力其实是相辅相成的，品牌力带来发展力，发展力也促进品牌力的提升。品牌是企业长期培育、沉淀的结果，需要长期的投入——包括必要的资金投入、经营全范围的细节到位，特别是每位员工的用心。

2007年，苹果公司推出iPhone智能手机，iPhone的横空出世一夜之间为苹果公司创造了数以亿计的拥趸，他们对乔布斯顶礼膜拜，苹果公司的发展爆发力让当初目空一切的诺基亚和摩托罗拉不敢小觑，苹果公司得到了远超其他品牌的发展速度。可是，有几个人真正注意到，乔布斯及其团队为此蛰伏了多少个日日夜夜呢？

品牌的力量并非一蹴而就、一日之功，而是来自远大的理想、先进的理念、高瞻远瞩的决策、持之以恒的投入和坚持，品牌价值由此而沉淀下来。

二、品牌再认识

众所周知，品牌是用于识别产品或服务的标识、形象等，是用以和其他竞争者的产品或服务相区分的名称、术语、象征、记号或者设计及其组合。

企业长期进行品牌宣传，顾客长期购买消费，消费者对产品及产品系列形成认知度，能够做到口口相传的牌子才称得上品牌。品牌增值的源泉是消费者心智中形成的关于其载体的印象，品牌能给拥有者带来溢价、产生增值，是企业最重要的无形资产。下面我们就深入地认识一下品牌对产品和企业的意义。

1. 品牌的内涵

"牌"是牌子，即某种事物的标识；而"品"是指品质（质量，Quality）、品格（独特性、个性化）和品位（格调和趣味）、品德（文化、诚信和社会责任）。在市场经济下，"品""牌"二字结合在一起具有了新的内涵和意义，它主要体现在"品牌三度"上面。这三度就是知名度、美誉度和忠诚度。

品牌知名度是品牌在市场上广为知晓的程度，是潜在购买者认识到或记起某一品牌是某类产品的能力，涉及产品类别与品牌的联系。

品牌美誉度是品牌在市场上广为赞誉的程度，是消费者对某一品牌的好感和信任程度，是现代企业形象塑造的重要组成部分。

品牌忠诚度是消费者重复购买的程度，即消费者在购买决策中多次表现出来的对某个品牌有偏向性的（而非随意的）行为反应。它是一种行为过程，也是一种心理（决策和评估）过程。

2. 企业品牌、个人品牌的内涵

品牌建设包括产品品牌、企业品牌和个人品牌三大方面。前文已经重点介绍了产品品牌，接下来补充介绍企业品牌和个人品牌。

企业品牌是指以企业名称为品牌名称的品牌，传达的是企业的经营理念、企业文化、企业价值观念及对消费者的态度等，企业品牌能有效突破地域之间的壁垒，进行跨地区的经营活动，为各个差异性很大的市场之间提供了一个统一的形象、统一的承诺，使不同的产品之间形成关联，统合成产品品牌的资源。

总部位于美国俄亥俄州辛辛那提的美国宝洁公司（Procter & Gamble，P&G）是目前全球最大的消费日用品公司之一，是2008年世界上市值第6大公司，利润排第14位，同时，宝洁公司还是财富500强中第十大最受赞誉的公司。

宝洁公司是全球范围内建设企业品牌最成功的企业之一，通过建设"P&G"企业品牌，为实施产品多品牌战略提供了强有力的品牌资源保障，成功构建了宝洁品牌家族。

个人品牌是指某人被相关者持有的较一致的印象或口碑。成功的个人品牌应具有 3 个基本特征：独特性、相关性和一致性。所谓独特性，即具有与众不同的鲜明特征和独到观点。所谓相关性，即能够与他人认为重要的东西联系起来。所谓一致性，即和人们所观察到的行为具有某种一致性。

美国管理学者彼得斯有一句被广为引用的话：21 世纪的工作生存法则就是建立个人品牌。提到中国电子商务，人们立即会想到马云；讨论中国房地产，人们自然想到王石；拿出 iPhone，人们怀念乔布斯，这就是个人品牌。

要想推动个人成功，要想拥有和谐愉快的生活，每个人都需要像明星一样建立自己鲜明个性的"个人品牌"，让大家都真正理解并完全认可，只有这样，才能拥有持续发展的事业。

个人品牌是指个人拥有的外在形象和内在修养所传递的独特的、鲜明的、确定的、易被感知的印象，个人品牌对群体消费认知、消费模式改变形成重大影响力。明星代言广告就是具体反映。

3. 产品品牌、企业品牌和个人品牌的关系

产品品牌、企业品牌和个人品牌之间是有内在联系的（见图 6-2）。消费者最先感知到的是产品品牌，进而感知到企业品牌，当消费者对一个企业的成功形成了关注、关注到企业成功背后的关键人物，这个关键人物形成了知名度、美誉度和忠诚度（崇拜和追随）的时候，该关键人物的个人品牌就形成了。

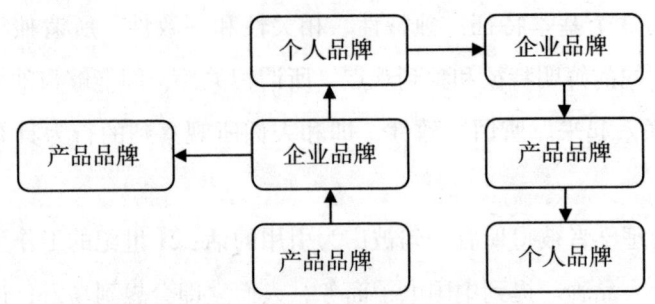

图6-2 产品品牌、企业品牌和个人品牌的互动和转移

产品品牌的知名度、美誉度和忠诚度会逐步转移到企业品牌上面，进而形成企业品牌的知名度、美誉度和忠诚度。

1999年，一个名不见经传的人——马云，一手创立了阿里巴巴，这是一个企业对企业（B2B）的网上贸易市场平台。2002年5月，马云荣登日本最大的《日经》杂志封面人物，《日经》杂志高度评价阿里巴巴在中日贸易领域里的贡献："阿里巴巴已达到收支平衡，成为整个互联网世界的骄傲。"

2003年5月，阿里巴巴公司投资1亿元人民币建立了淘宝网，这是一个个人对个人（C2C）的贸易平台，淘宝网很快成为广大商户的选择。阿里巴巴和淘宝网的成功使全球市场认识了阿里巴巴集团。2012年1月，淘宝商城宣布更改中文名为天猫，加强其平台的定位。

自阿里巴巴成立之后，全球十几种语言、400家著名新闻传媒对阿里巴巴的追踪报道从未间断，马云不断地出现在全球商界的视线中，阿里巴巴被传媒界誉为"真正的世界级品牌"，马云成为中国第一位登上美国权威财经杂志《福布斯》封面的企业家，2000年10月，马云被"世界经济论坛"评为2001年全球100位"未来领袖"之一。

从阿里巴巴到淘宝网，从淘宝网到阿里巴巴集团，再到天猫，生动地体现了产品品牌、企业品牌和个人品牌之间的互动关系和转移规律，就算是马云把"淘宝"改成"地猫""狗猫"，消费者也照样买账。

品牌转移的背后是企业诚信带来的信任转移。顾客的忠诚度从产品品牌转移到企业品牌，从企业品牌转移到个人品牌，还可以从个人品牌继续转移到新的企业品牌，进而转移到新的产品品牌。

4. 企业品牌与国家品牌

国家品牌是一个国家在国民（尤其是外国国民）心目中的总体形象。

国名、国旗和国歌等是国家品牌的第一层核心要素；国土、国民、国徽、语言、气候、首都等是国家品牌的第二层要素；历史文化、风俗传统、政治制度、宗教信仰、经济发展、管理服务水平、旅游及营商环境、国民特性和精神面貌等是国家品牌的第三层要素。这三个层面的要素层层递进，共同形成对一个国家的总体形象。

在全球市场，产品品牌、企业品牌和个人品牌与国家品牌是相辅相成、相互影响、相得益彰的关系（见图6-3），前面三个既受益于国家品牌，又是国家品牌的组成部分，彼此荣辱与共、交相辉映。

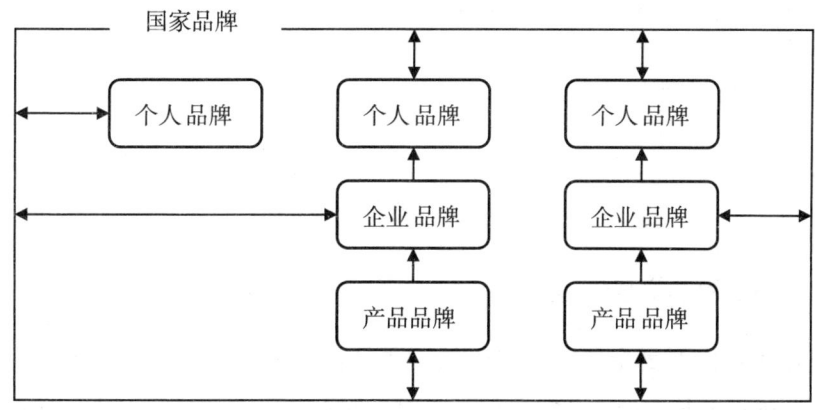

图6-3 从产品品牌到国家品牌

可见，品牌几乎是无所不在、无所不包的。作为中国公民、产业人士，我们有责任和义务通过产品品牌、企业品牌和个人品牌的建设，为国家品牌添金。

三、品牌的六大要素

品牌有六大要素：独特的顾客体验、超高的让渡价值、高度的可靠性、高度的符合性、高度的一致性和高度的稳定性（见图6-4）。这六大要素最终汇集在迷人质量，消费者情不自禁地喜欢。

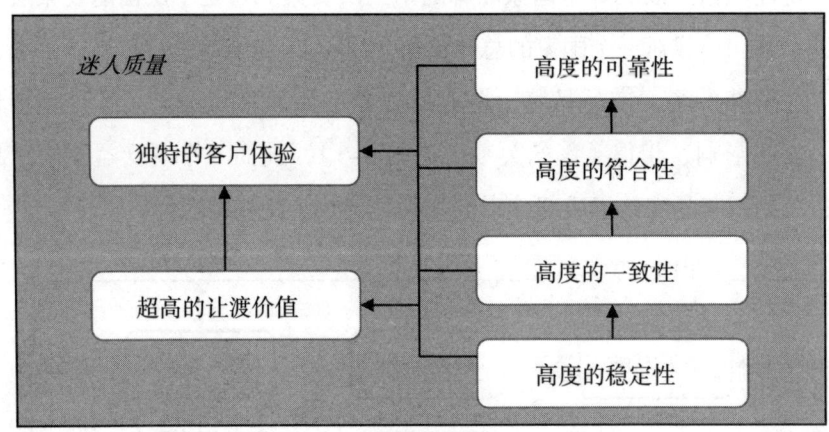

图6-4　品牌的六大要素

1. 独特的顾客体验

企业文化不是企业宣传出来的，而是在员工言行中体现出来的。同样，品牌也不是企业宣传出来的，而是顾客在使用产品过程中通过身心体验，最终用心感知到的。

独特的顾客体验来自哪里呢？

戴不同品牌的手表、开不同品牌的汽车，带给顾客的生理感觉是不一样，消费者通过视觉、听觉、嗅觉、触觉和味觉感知产品和服务，五官感受带来直觉变化，久而久之形成品牌记忆，对于符合自己生理特性，与本人的兴趣爱好、审美观一致的产品和服务，在内心形成特殊偏好，长期使用某个品牌产品带来的身心愉悦，最终铸就消费者对某个产品品牌的忠诚——重复购买该品牌的产品，而众多消费者对某个产品品牌的忠诚，汇集成产品品牌的忠诚度。

可见，带给顾客独特的消费体验，一定要界定目标顾客，分析目标顾客的审美观和消费偏好，据此进行产品策划、设计、生产和服务。当然，针对目标顾客，企业也可以运用自身的理念、技术和服务优势，引导甚至主导其审美观和消费偏好，并创造出市场需求。

2. 超高的让渡价值

顾客让渡价值是指整体顾客价值与整体顾客成本之间的差额部分，即整体顾客价值 – 整体顾客成本 = 顾客让渡价值（见图 6-5）。其中，整体顾客价值是指顾客从给定产品和服务中所期望得到的所有利益，包括：产品价值、服务价值、人员价值和形象价值。整体顾客成本则包括货币价格、时间成本、体力成本和精神成本。

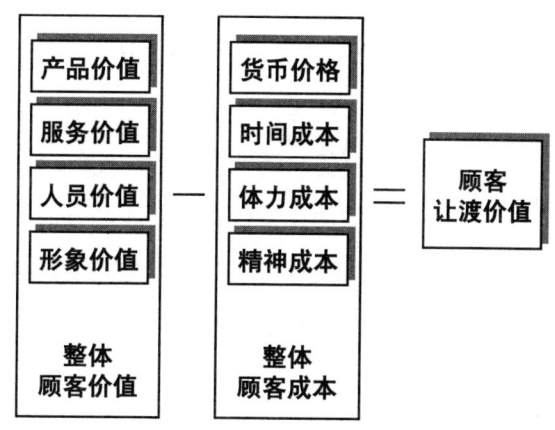

图6-5　顾客让渡价值

俗话说：一分钱一分货。实际上，商业交易时的规律并非如此，而是一分钱几分货，消费者比较的是我给你一分钱（整体顾客成本），你给我几分货（整体顾客价值），谁给的货多（让渡价值高）我就买谁的。让渡价值非常好地反映了销售方对于顾客的附加价值，所以，采购方都在下意识地通过让渡价值进行采购决策。

顾客让渡价值是采购决策最重要的决策原理。需要提醒的是：不同顾客对于价值的认识和重视程度是有显著差别的，所以需要根据不同层次的顾客对我们提供的价值进行合理的评价。

3. 高度的可靠性

可靠性是指产品能够长期发挥正常功能，长期不失效，产品不断经受自身及外界气候环境和机械环境的影响，而仍能够正常工作。要培养高端品牌，产品可靠性不能仅仅满足所在消费市场的技术法规，而是要经受各种考验，具体表现在诸如极寒、极热等各种极端条件下的可靠性。

4. 高度的符合性

企业宣传的产品是怎样的，消费者在使用时体验到的就是怎样的，没有任何差别；消费者对品牌产品的期待是怎样的，购买后使用时体验到的就是怎样的，没有任何差别，甚至还有意外的惊喜，这就是高度的符合性。

高度的符合性体现在产品宣传与消费体验的高度符合、顾客期待与消费体验的高度符合。要达到高度的符合性，需要4个方面的支撑：产品策划与顾客期待的高度符合、产品设计与概念设计的高度符合、产品生产与产品设计的高度符合、服务质量与服务承诺的高度符合。

5. 高度的一致性

高度的一致性是指一万台产品的质量都是一模一样的，都能给顾客独特的消费体验，都具有超高的让渡价值和高度的可靠性。独特的顾客体验、超高的让渡价值、高度的可靠性、高度的符合性和高度的一致性，自然带来产品的高品位，形成产品的口碑，人们口口相传，逐步形成品牌的美誉度。由于口碑源自众人的消费体验，形成于共识、传颂于社会，口碑营销成为"不售而售"的市场效应。

6. 高度的稳定性

做一万年的产品，其产品都是一样的精品质量，而且与时俱进，不断带给顾客惊喜，这就是高度的稳定性。毛主席说：做一件好事并不难，难的是一辈子做好事。对于企业来说，做一件好品并不难，难的是做无数件精品；做一时精品并不难，难的是永远做精品。

独特的顾客体验、超高的让渡价值、高度的可靠性、高度的符合性、高度的一致性和高度的稳定性，慢慢沉淀出产品品牌的含金量，由此延伸出的收藏价值、收藏市场和收藏文化，又给企业的产品品牌、口碑营销金上添金。

汽车收藏是自汽车产生到发展以来的一种流行趋势，老爷车、车模、汽车海报、汽车邮票、汽车电话卡都是收藏爱好者竞相追逐的藏品。

汽车收藏分为很多类，按收藏主体来分，汽车收藏分为博物馆收藏和个人收藏；按收藏对象来分，汽车收藏包括整车收藏（老爷车、特别意义的车、车模）、零部件收藏（发动机、车灯、轮胎等）和关联收藏（与汽车有关的物品，如汽车邮票、汽车电话卡、汽车广告、汽车杂志、汽车礼品等）。

20世纪20年代至40年代，出现了一种无论是外观还是内饰，都异常精美豪华的汽车，因此，驾驶这种昂贵的汽车便成了车主身份和地位的象征。人们为这种车取名为"老爷车"（Vintage）。

"老爷车"一词最早出现在1973年的英国杂志《名车与老爷车》，这个词一出现，很快得到各国汽车界人士的认可，同时也兴起了老爷车收藏热。

发展到现在，老爷车不单单是一款汽车名了，而是泛指人们对现在被珍藏的古老而享有盛名的汽车的称呼，至于有多古老才算老爷车，并没有统一、明确的规定，一般至少是40~50年以前生产的、在早期使用过而现在仍可使用的老式汽车。

人们一方面对各种豪华的新款汽车趋之若鹜，而另一方面却又对那些古老的老爷车钟爱有加，其实都源于人们的怀旧情怀。

四、购买者的心路历程与品牌忠诚度

品牌知名度、美誉度和忠诚度的形成是有心理学和行为学原理的，主要表现在购买行为带来的"兑现性"记忆（见图6-6）。

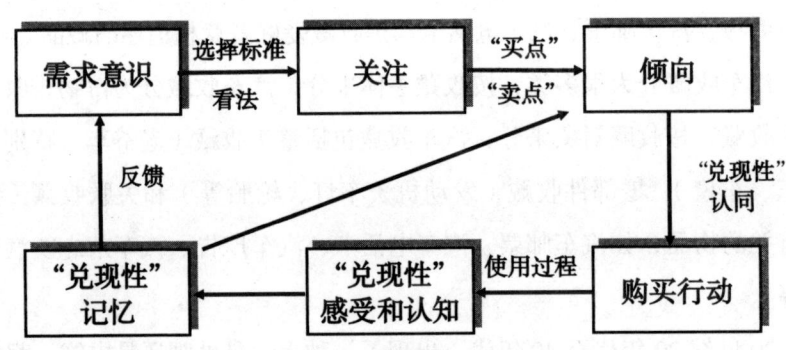

图6-6　购买者的心路历程

1. 购买倾向

当消费者出现需求意识、想购买某种产品（包括服务）时，他立即会出现相应的选择标准和看法，这就是"买点"。根据买点对特定供应源进行关注，将"卖点"与"买点"对接，消费者就产生购买倾向——偏向于购买某个心仪的产品。

2. 购买决定

购买行为发生之后，该产品能不能像该产品宣传得那样？能不能满足消费者的需求？消费者对此进行"兑现性"判断，当心里觉得购买某产品比较可靠、风险不大、应该可以满足自己时，消费者就会做出持续购买的决定。

3. "兑现性"感受和认识

消费者一旦购买了某产品，在使用过程中就会一点一滴地产生体验，形成"兑现性"感受和认知：当初产品宣传是怎样的，实际使用后发现如何；当初自己希望产品是怎样的，现在是否满足了自己当初的期待；产品使用过程中有没有"惊喜"，是否带给自己身心愉悦，得到别人怎样的评价或眼光……

这样愉快、一般般或不愉快的经历和体验，带来满意、不满意或者投诉的判断，甚至产生相应的行为：口碑传播、沉默或投诉。

4. "兑现性"记忆

上述购买经历和消费体验在消费者心里形成对该产品品牌的"兑现性"记忆，进而影响下一次需求出现时的选择标准和看法（买点），甚至直接影响购买倾向和"兑现性"认同。

不论企业宣传得多好，消费者对企业的认知是从企业提供的产品和服务上真切感受到的，消费者会将产品的"兑现性"记忆下意识地转化为对企业的"兑现性"记忆，企业在市场的诚信形象由此形成，进而慢慢沉淀为企业品牌。

此外，"兑现性"记忆还是一个很有意思的概念，个人在社会生活当中也存在"兑现性"记忆的问题：一个人是说话算数、说到做到、言必信行必果，还是说的比唱的还好听、口是心非、言行不一，会在人际圈中形成不同的"兑现性"记忆，进而形成个人的诚信形象，影响个人品牌。

五、品牌与质量的关系

品牌对顾客来说是质量，对企业来说是效益（见图6-7）。

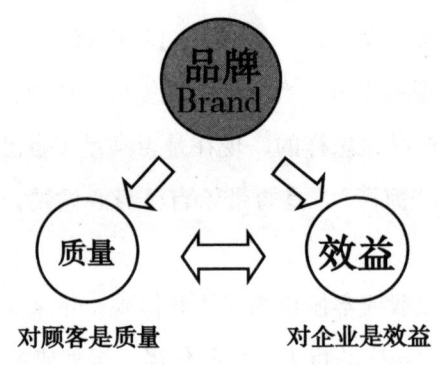

图6-7　品牌、质量和效益

顾客是通过使用产品的生理感受和心理感受来认知品牌的，因此，决定品牌印象的是质量，好质量带来好口碑，好口碑缔造品牌知名度、美誉度和忠诚度，好口碑缔造高端品牌，进而产生品牌溢价——同样的产品可以比同行卖更高的价格，顾客照样会买单。

所以，品牌对企业来说就是效益——高端品牌高效益，低端品牌低效益，"烂"品牌是自封厂门，企业迟早有倒闭的风险。

1. 质量再认识

质量（Quality）是指一种产品和服务持续地满足或超过顾客需要的能

力，以产品和服务为媒体完全实现对顾客之承诺，是站在顾客立场制造令顾客称心满意的产品。

质量有两个特性：产品固有的特性和人们赋予的特性。产品固有的特性是指产品具有的性能、功能、可靠性、安全性和外观等，主要是满足顾客的生理需求。人们赋予的特性是指产品的经济性（性价比）、时间性（可获得性）和形象价值等，主要是满足顾客的心理需求。

2. 质量是品牌的基础

对于产品固有的特性，质量又包括两个方面：产品特性和避免缺陷。产品特性是指产品的性能是否符合顾客的需求；而避免缺陷则是指该有的就有、该到的则到。从品牌的六大要素可以看出，品牌的基础还是质量。独特的顾客体验和超高的让渡价值就是产品特性，而高度的可靠性、高度的符合性、高度的一致性和高度的稳定性则是避免缺陷（见图6-8）。

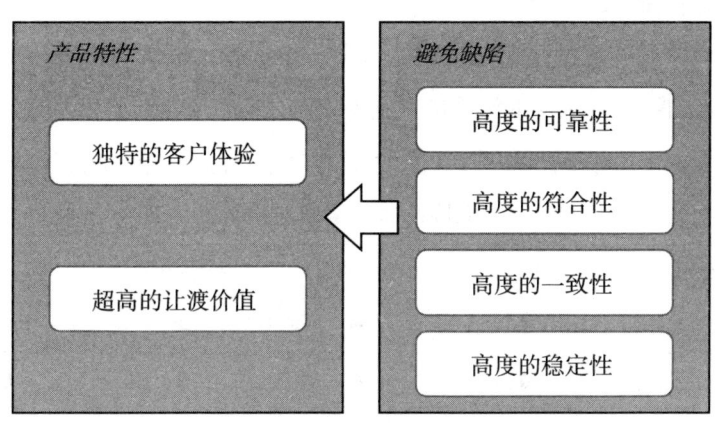

图6-8　品牌的基础是质量

而且，高度的可靠性、高度的符合性、高度的一致性和高度的稳定性必然形成口碑效应，直接增加产品品牌的知名度和美誉度，强化独特的顾客体验和超高的让渡价值。

3. 从小质量到大质量的进步

世纪之交,世界著名的质量管理大师约瑟夫·朱兰(Joseph H.Juran)说:即将过去的20世纪是生产效率的世纪,将要到来的21世纪是质量的世纪。21世纪的今天,人们对质量的认识已经从传统的小质量扩展到了大质量,从产品质量扩展到了工作质量、流程质量、营销质量、研发质量、服务质量、经营质量和企业发展质量,甚至还扩展到了生活质量、教育质量、环境质量、经济质量、改革质量和国家发展质量。这是大质量的重要内容,这些内容融合在一起便形成品质,上升到意识层面就形成了品牌。

4. 品牌建设的本质就是提高经营质量

品牌建设是面向未来一百年甚至更长远时空的最重要投资,品牌价值是面向未来一百年甚至更长远时空最有价值的回报。品牌是企业最有价值、最有生命力的资产。

品牌建设依赖的是企业经营全范围、全流程、全供应链和全员的精品质量意识和能力,包括工作质量、流程质量、营销质量、研发质量和服务质量(见表6-1)。所以,品牌建设的过程也就是提高上述质量能力的过程。

表6-1 品牌的六大要素与质量的关系

事 项	营销质量	研发质量	流程质量	服务质量
独特的顾客体验	●	●	●	●
超高的让渡价值	●	●	●	●
高度的可靠性		●	●	
高度的符合性			●	●
高度的一致性			●	●
高度的稳定性			●	●

品牌建设是面向未来的,品牌建设的本质就是提高企业经营质量和发展质量。

六、精品质量，为品牌添金

质量是品牌的基础，没有优质的质量，不可能形成良好的品质，更谈不上创造世界级的品牌了。因此，如何锻造精品质量，成为制造产业人士所关注的重点对象。开门见山地说，锻造精品质量需要综合运用研发创新技术 (TRIZZ)、流程管理技术六西格玛、质量改进技术零缺陷（见表6-2）。

表6-2　精品质量的实现路径

事 项	营销质量	研发质量	流程质量	服务质量
独特的顾客体验	●	●	●	●
超高的让渡价值	●	●	●	●
高度的可靠性		●	●	
高度的符合性			●	●
高度的一致性			●	●
高度的稳定性			●	
TRIZZ	●	●		
六西格玛	DFSS/DMAIC	DFSS	DMAIC	DMAIC
零缺陷	●	●	●	●

1. 提高营销质量，从满足"需"迈向满足"求"

企业经营的本质是通过满足顾客需求来获得回报，做好这一点就必须研究客户的需求是什么。市场这么大，顾客需求千差万别，不同层次的顾客需求不同,不同地域的顾客需求也不同,因此要满足不同客户的需求,就必须了解他们的需求到底是什么。所以,市场分析不但重要,而且不容易做。

人们经常说"顾客就是上帝",其实不然。企业的资源有限,无法满足所有的顾客,只有聚焦目标市场、目标顾客,才能运用有限的资源有效地满足顾客,否则,有可能所有的顾客都不满意。所以,应该是"目标顾客就是上帝",因为企业并不需要和所有的顾客做生意。

实际上,顾客需求包括两个方面:生理需求和心理需求。生理需求主要是功能需要,而心理需求则是精神满足感,或称"虚荣心"。例如,买车的人,其生理需求是安全、省油和舒适等,心理需求是能充分享受驾驶的乐趣、激情(刺激),能得到尊贵服务,能体现身份和地位,在他人面前有面子。

生理需求为"需"(Need),最基本的、必需的;心理需求则为"求"(Want),其实,几乎所有的人在购买产品时都有"需"和"求"。低端消费者对价格非常敏感,只要价格一高他就放弃"求"只抓"需"。高端消费者不但有"需",内心对"求"存在强烈的拥有欲望,对价格不敏感,关键是货要好。

其实,"需"和"求"是有关联的,"需"做得好,更容易满足"求"。设身处地地换位思考还不够,企业的营销系统必须把自己当作目标顾客,用心、准确地把握目标顾客的"需"和"求",才能策划、设计、生产和提供令顾客心仪的产品和服务。

2. 提高研发质量实现品牌溢价

围绕目标顾客的"需"和"求",还要有高超的研发质量。研发人员应该和营销人员一道身处市场一线,实现技术和"需""求"的完美对接。

品牌基于顾客的心理感知,既然有好的品牌,也就会有差的品牌,甚至还会有很"烂"的品牌；既然有高端品牌，也就会有低端品牌，当然还有奢侈品牌；既然有知名品牌，也会有"臭"名昭著的品牌。而研发质量就是区别"知名品牌"和"臭名品牌"的关键所在。

市场口碑是营销质量和研发质量的反映，品牌资产中的知名度、质量认可度、品牌联想等指标最终通过提升忠诚度与溢价能力从而使品牌具有营利能力，产生品牌溢价效应如图6-9所示。

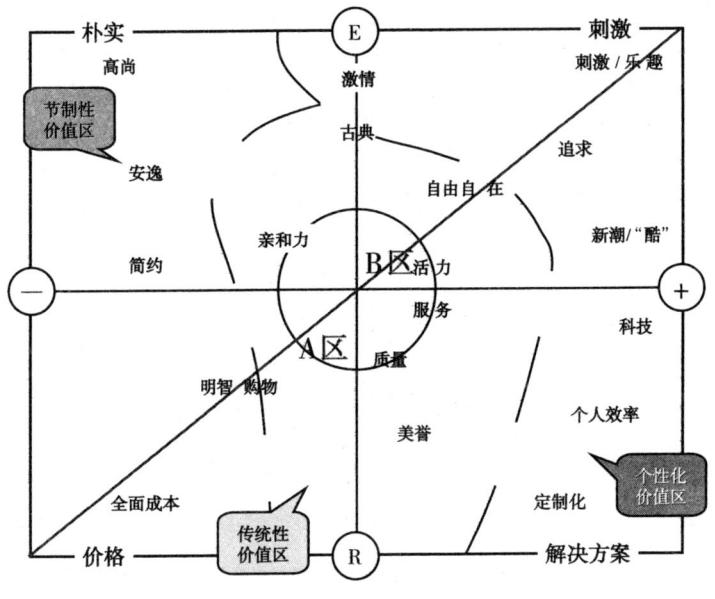

图6-9　品牌溢价效应图

具体来说，通过有效把握顾客的"需"和"求"，营销和研发一体化作战，进行产品定位、产品策划、概念设计和产品设计：界定"全面成本""明智购物""自由自在"还是"刺激/乐趣"，在"朴实"和"刺激""价格"和"解决方案"上进行权衡。

3.KANO 模型与"迷人"质量设计

产品应该有的都有，顾客只会"不满意"，只有产品超出顾客期待，才能达到"顾客满意"——这就是让渡价值的规律。为了实现顾客满意，务必超出顾客期待。为此，运用KANO曲线（见图6-10）进行迷人质量设计就成为必然。

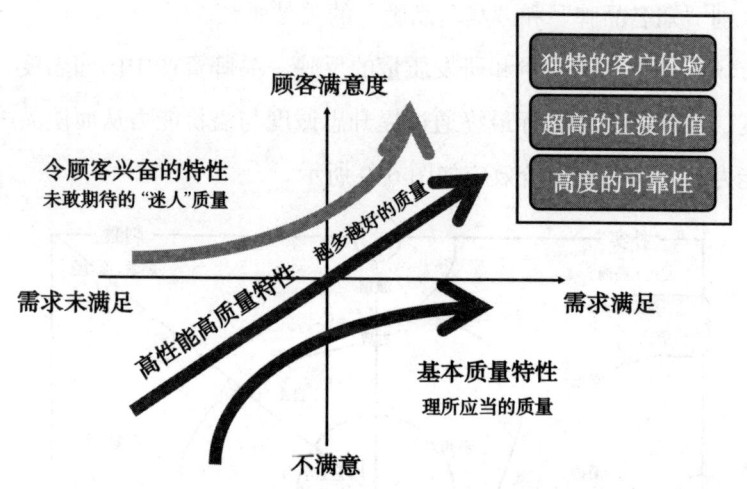

图6-10　KANO模型与"迷人"质量设计

KANO模型定义了三个层次的顾客需求：基本型需求、期望型需求和兴奋型需求。这三种需求根据绩效指标分类就是基本质量特性（基本因素）、高性能和高质量特性（绩效因素）和令顾客兴奋和愉悦的质量特性（激励因素）。

基本质量特性（基本因素）在产品中是必须具备的，没有的话可能导致产品不能符合基本要求从而进不了市场或者顾客不认可。基本质量要求的大量投入并不能使顾客明显提高满意度，没有则会大大降低顾客满意度。例如，加拿大要求汽车必须具有点火开灯功能，大众Gol汽车最初没有空调遭消费者投诉。

高性能和高质量特性（绩效因素）是重要的质量特性。目前对生产企业而言有各自的诀窍（Know-How），如汽车的百公里低油耗、百公里加速性能、数码相机的画质、高感光度时的噪点等，企业在这一类质量特性上表现越好，顾客满意度会线性上升，表现不好，则顾客满意度下降。

令顾客兴奋和愉悦的质量特性（激励因素）是区别于竞争对手的产品质量特性，有独特的技术领先优势。令顾客兴奋和愉悦的质量特性只是暂时的竞争优势，必须不断创新，因此，企业应该有超前的技术储备。例如汽车的动态导航系统、数码相机的防抖动功能、CCD自清洁功能等。

KANO模型告诉我们：第一，顾客的需求是有不同层次的。第二，不同的质量特性满足不同的顾客需求。第三，不同层次的质量特性能使顾客获得不同的满意度。第四，基本因素和绩效因素为渐进特性，激励因素为创新特性。第五，不同层次的质量特性是暂时的，高级特性会随着时间的推移从高层次逐步向低一层次特性转变。第六，每一个顾客群的产品都可以有三个层次的质量特性，这是与竞争对手比较而言的。第七，为了保证产品的竞争力，应该在满足基本质量特性的条件下，完善高性能高质特性，并不断推出令顾客兴奋和愉悦的质量特性。

4. 领先对手的质量条件

我们以佳能相机为例，从佳能各层次数码相机的质量特性安排（见表6-3）看KANO模型在精品质量和品牌建设中的运用。

表6-3 佳能各层次数码相机的质量特性安排

产品对象	基本特性	高性能特性	兴奋特性	产品市场结果
普通用户	（1）足够的像素；（2）坚固的机身；（3）紧凑的设计；（4）易操作性	（1）高素质镜头；（2）高图像质量；（3）高兼容性	（1）L豪华镜头（Pro1）；（2）高兼容性大光圈（G系列）；（3）时尚外观（IXUSi系列）；（4）超广角（S系列）；（5）光学稳定器（SIS系列）；（6）丰富的选择（A系列）	对手众多，相机仍能领先，如尼康、富士、奥林巴斯、西欧、索尼、美能达、三星、宾得、理光、松下等

续表

产品对象	基本特性	高性能特性	兴奋特性	产品市场结果
普通爱好者	（1）庞大的镜头群 （2）先进图像处理系统 （3）丰富的附件 （4）品牌效应	（1）较轻的重量 （2）金属外观 （3）可靠性 （4）高感光度范围 （5）真实色彩还原	（1）比同档次高的像素 （2）增加了S系列镜头 （3）优势不明显	对手众多，发烧友级别略领先，如尼康D70、新D80、D40x，索尼α100，奥林巴斯E500，宾得*istDs、KMα-5D等
发烧友和准专业	（1）庞大的镜头群 （2）先进图像处理系统 （3）丰富的附件	（1）金属外观，点测光 （2）真实色彩还原	（1）全幅传感器 （2）高像素	尼康D200为强劲对手、新D300、准专业5D领先对手三年
专业用户	（1）足够的像素 （2）庞大的镜头群 （3）先进图像处理系统 （4）丰富的附件 （5）良好的兼容性	（1）高可靠性 （2）金属外观 （3）真实色彩还原 （4）技术先进 （5）生命周期较长	（1）极高像素 （2）全幅面的图像传感器 （3）大感光度范围 （4）高连拍速度	同档次无竞争对手，新D3仍不能构成威胁

　　从上述案例可以看出，企业领先对手的质量条件有4个：其一，在整个产品线内有针对不同顾客群的产品层次，在同一产品上，有不同程度的各层次质量特性。其二，在量大面广的普及性产品内，以较好的基本质量特性、宽广的产品线以及一个左右消费者的兴奋特性来满足顾客各类不同需求，以量制胜。其三，在相同价格档次内，在有足够基本特性的情况下，高性能特性要多于对手，且一直领先对手，这一方式基本用于量大、利润高的产品。其四，拥有对手没有却令顾客兴奋的特性——如果这样，价格可以远远高出对手，且保持该价格一定时间。这一方式主要用于最高

档产品。

需要提醒的是，要慎重对待令顾客兴奋和愉悦的质量特性：首先，令顾客兴奋和愉悦的质量特性的关键是要拥有独特的技术，可在相当长的时间内保持领先地位；其次要定位准确，即它确实能使顾客兴奋而购买，定位不准则会使产品陷于尴尬境地，例如给中高端品牌的低档车（如丰田威驰）配置"动态导航系统"。

5.TRIZ 支撑研发创新

"迷人"质量增加品牌溢价，研发创新是关键。作为人类创新技术的重要组成部分，TRIZ 理论在企业研发创新中的运用十分重要。现代 TRIZ 理论体系主要包括以下 6 个方面的内容：

一是创新思维方法与问题分析方法。TRIZ 理论中提供了如何系统分析问题的科学方法，如多屏幕法等；而对于复杂问题的分析，则包含了科学的问题分析建模方法——物——场分析法，它可以帮助人们快速确认核心问题，发现根本矛盾所在。

二是技术系统进化法则。针对技术系统进化演变规律，在大量专利分析的基础上，TRIZ 理论总结提炼出 8 个基本进化法则，利用这些进化法则，可以分析确认当前产品的技术状态，并预测未来发展趋势，开发富有竞争力的新产品。

三是技术矛盾解决原理。不同的发明创造往往遵循共同的规律，TRIZ 理论将这些共同的规律归纳成 40 个创新原理，针对具体的技术矛盾，可以基于这些创新原理、结合工程技术实际寻求具体的解决方案。

四是创新问题标准解法。针对具体问题的物——场模型的不同特征，分别对应有标准的模型处理方法，包括模型的修整、转换、物质与场的添加等。

五是发明问题解决算法 ARIZ。主要针对问题情境复杂，矛盾及其相关部件不明确的技术系统。它是一个对初始问题进行一系列变形及再定义等非计算性的逻辑过程，实现对问题的逐步深入分析，问题转化，直至问题的解决。

六是基于物理、化学、几何学等工程学原理而构建的知识库。基于物理、化学、几何学等领域的数百万项发明专利的分析结果而构建的知识库可以为技术创新提供丰富的方案来源。

6. 六西格玛与精品质量

质量管理大师约瑟夫·朱兰博士把企业的质量发展阶段划分为三个：低级错误时代、慢性不良时代和精品质量时代（见图6-11）。

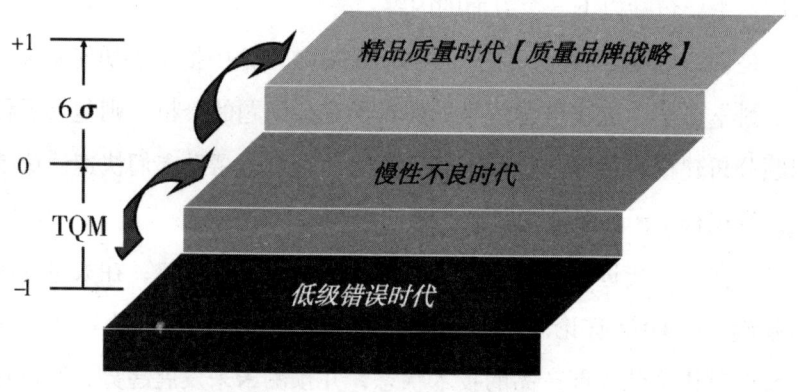

图6-11　让精品质量为品牌添金

低级错误时代：不良率很高、极不稳定，低级错误频繁发生，批量事故经常发生，失败成本极高。慢性不良时代：不良率很低、很平稳，低级错误较少发生，批量事故极少发生，失败成本较低。精品质量时代：不良率被突破性地降低，质量超级稳定，杜绝低级错误和批量事故，接近零缺陷。由低级错误时代迈向慢性不良时代，需要通过全面质量管理（TQM）；由慢性不良时代迈向精品质量时代，则需要运用六西格玛（6σ）流程改善技术。

六西格玛是一种能够高效、集中、严格改善企业管理质量的管理体系。它以"零缺陷"的完美商业追求，不懈地推动产品质量成本的降低，是众多管理前沿理论的先锋成果。六格西玛有三层含义：一是以质量制度和追求为目标，二是运用DMAIC（改善）或DFSS（设计）进行流程设计和改善，三是通过提高组织核心的运行质量达成改善经营管理的目的。因此，无论是对企业的产品质量来说，还是对其运营质量来讲，都具有巨大的积极推动的意义。

七、中国品牌：由中国迈向世界

世界级制造，是我国制造业的发展方向，而世界级制造需要我国制造业涌现出许许多多的世界级品牌。诚然，不谈制造业的世界级制造战略，世界级品牌也是我国所有企业和所有品牌的共同方向和理想。如何让民族品牌发展成为在全球范围内有超大影响力的世界级品牌，这不是一个三言两语可以讲清楚的问题。不过，这个伟大战略的实施，并不是无迹可寻，因为有发达国家的世界级品牌作为案例，所以，我们就可以依葫芦画瓢。

1. 世界级品牌的重要特征

世界级品牌有三大特征：市场全球化、世界范围内的三度、既民族又世界。

先来看市场全球化。既然是世界级品牌，自然要在全球市场当中有销售，能够被全球消费者所感知，而且有足够的市场占有率，这个占有率还得有一定的竞争力和均衡性，仅仅在中国市场上占有率高是不能够被称为"世界级"的。

再来看世界范围内的三度:知名度、美誉度和忠诚度。不但在全球市场有销售,还得有足够的知名度、美誉度和忠诚度,这样的品牌才有生命力,类似玩具、奶粉行业在全球名声不佳的品牌案例并不能称之为"世界级"。

最后来看既民族又世界的人文精神。凝聚了民族特色、承载了文化精髓,符合人类共同利益和正确价值观,具有超越国家和民族的人文精神,能够被世界认同,这样的品牌才能真正走向世界,才具有竞争力和生命力。

2. 中国民族品牌中的佼佼者

2007年,英国《金融时报》通过对该报在全球近百个国家读者的问卷反馈调查,评出英国《金融时报》第二届"中国十大世界级品牌",联想、中国银行、青岛啤酒、中国国际航空公司、中国移动和中国电信等十家企业荣膺"品牌影响力TOP10"(见表6-4),成为新一届的"中国十大世界级品牌"。

表6-4 2007年英国《金融时报》中国十大世界级品牌调查

十大品牌总排名		品牌知名度排名		管理运营质量排名		创新排名	
品牌	排名	品牌	排名	品牌	排名	品牌	排名
海尔	1	中国银行	1	海尔	1	海尔	1
联想	2	中国航空	2	中国移动	2	联想	2
中国移动	3	青岛啤酒	3	联想	3	中国移动	3
青岛啤酒	4	中国移动	4	平安保险	4	平安保险	4
平安保险	5	中海油	5	央视	5	央视	5
中国银行	6	上汽	6	中国银行	6	青岛啤酒	6
央视	7	联想	7	青岛啤酒	7	中国银行	7
中国航空	8	中石油	8	中国航空	8	新浪	8
华为	9	工商银行	9	华为	9	搜狐	9
搜狐新浪	10	海尔	10	搜狐	10	华为	10

续表

信任度排名		产品/服务质量排名		可称国际领先品牌排名		能成国际领先品牌排名	
品牌	排名	品牌	排名	品牌	排名	品牌	排名
海 尔	1	海 尔	1	海 尔	1	联 想	1
中国银行	2	青岛啤酒	2	联 想	2	海 尔	2
青岛啤酒	3	联 想	3	青岛啤酒	3	中国银行	3
中国移动	4	中国移动	4	平安保险	4	中国移动	4
中国航空	5	平安保险	5	中国移动	5	中国航空	5
联 想	6	中国航空	6	中国银行	6	青岛啤酒	6
平安保险	7	央 视	7	央 视	7	央 视	7
央 视	8	中国银行	8	华 为	8	平安保险	8
工商银行	9	华 为	9	中国航空	9	华 为	9
搜 狐	10	搜 狐	10	中海油	19	中海油	10

3.民族企业迈向世界级方法之一：从隐形冠军做起

中国人有非常强烈的"大"情结，做企业大多也以"大"为目标。从全球长寿型企业的发展经验来看，"大"是从"小"发展而来的，做大的前提是做专、做精和做强，做大的目标还必须是基于做久的前提，否则，盲目追求做大必然会带来经营风险，一大就乱、一乱就死的案例在中国企业界并不少见。

隐形冠军不失为一种选择。

隐形冠军这个概念是由世界最负盛名的德国管理大师赫尔曼·西蒙（Hermann Simon）博士创造性地提出的。他曾经对德国400多家卓越中小企业进行研究，之后他通过大量数据和事实证明：德国经济和国际贸易的真正基石不是那些声名显赫的大企业，而是那些在属于自己的市场上辛勤耕耘并且成为全球行业领袖的中小企业。它们在利基市场（Niche）中占有不可撼动的地位，有的甚至占据了全球95%的市场份额（比如德国卷烟机械生产商Hauni），这些企业的技术创新能力遥遥领先于同行，其人均拥有专利数甚至远远超过西门子这样的世界500强公司。但这些中小企业也存在一些问题，由于其所从事的行业相对生僻，专注技术且又选择低调，它们只能隐身于大众的视野之外。

通过早年的研究，西蒙博士认为"隐形冠军"现象仅限于德国，他认为这是一种扎根于德意志民族悠久的手工业的传统和对职业的自豪。但是他在进行了进一步的研究后发现，"隐形冠军"并非只限于德国，这种现象在美国、南非、新西兰，甚至在亚洲都普遍存在。它们不但同样在各自所在的经济体中扮演着非常重要的角色，还与德国的"隐形冠军"企业有着惊人相似的成功法则。这些研究成果展现在了西蒙博士《隐形冠军》一书中。在随后的十多年当中，该书被译为20种语言，包括简体中文、繁体中文版，广泛传播。

"隐形"的意思是指这些企业几乎不为外界所关注。而"冠军"则是说，这些企业几乎完全主宰着各自所在的市场领域，它们占有很高的市场份额，有着独特的竞争策略，往往在某一个细分的市场中进行着专心致志的耕耘。

隐形冠军有七大特点：燃烧的雄心，专注到偏执，自己攥紧顾客，贴近卓越顾客，"非技术"创新，毗邻最强者，"事必躬亲"（极少外包）。

隐形冠军们普遍认为：真正的竞争优势就在于——有些事情只有他们才做得了！

4. 民族企业迈向世界级方法之二：从区域迈向全球

中国制造业要迈向世界级，首先要立足现有事业，把产品品牌和企业品牌培养成出色的区域品牌，再通过市场边界、地域边界和经营边界的扩张，逐步迈向国际品牌。

品牌的内涵是跨越国界和民族的。品牌的建设也是跨越国界和民族的。跟不上这个形势，还是一切从现有企业的派系争斗和平衡出发，调配全球资源来建设世界级品牌，中国就不可能拥有世界级品牌。

由中国制造迈向世界级制造，由区域品牌迈向世界级品牌，需要一代又一代中国企业家走出心浮气躁、盲目做大的心理误区，以"空谈误国、实干兴邦"为思想指引，以创新、冒险、合作、敬业、学习、执着、诚信和服务等企业家精神，放眼天下、胸怀全球，淡泊明志、宁静致远，志存高远、脚踏实地，将中国制造企业一个又一个地带向全球化经营的新天地。

结语：世界级制造与企业再造

面对剧烈变迁的全球市场，中国企业唯有以变应变——不断推动组织变革，才能在竞争性环境中生存和发展。从应变到领变，未雨绸缪；不断创新才能化被动为主动；不断超越，从优秀到卓越。

创新是变革的前提，企业创新有三条跑道，包括商业模式创新、产品/服务/市场创新和运营创新（见图1）。

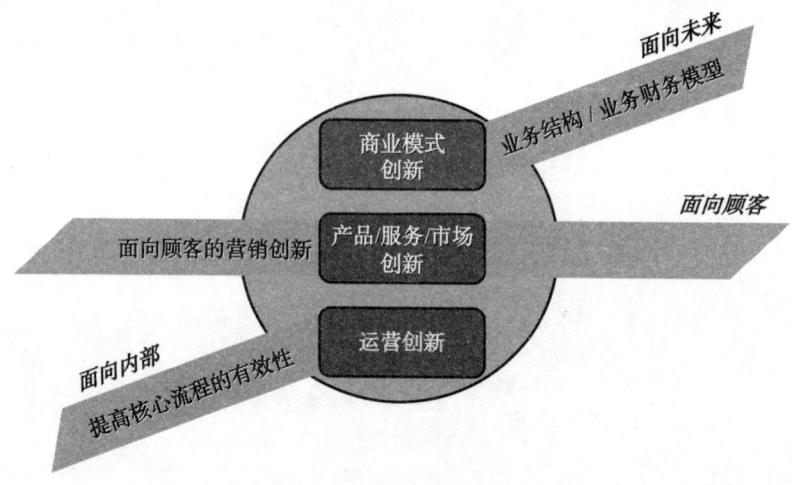

图1　企业的三条创新跑道

商业模式创新是面向未来的创新，主要是对企业的财务结构、业务财务模型（盈利模式）进行创新。麦当劳从快餐经营跨界到商业地产、IBM由软件服务到政府咨询、GE由工业生产到产融结合，这些都是商业模式发生了重大变化，是创新，是超越。

产品/服务/市场创新是面向顾客的营销创新。显然，从传统手机到智能手机、雅马哈钢琴开办音乐教室、中国高铁参与美国市场竞争，这些都是基于技术的营销创新，可以直接改变企业的收入结构。当前，任何一家手机制造商不能够在智能手机市场站稳脚跟，那就是在"等死"——因为由于通信技术的巨大进步，传统手机已经成"瘦狗"，逐步退出市场。

运营创新是面向内部的创新，旨在提高核心流程的有效性。最近十年，中国企业都在热衷于实践精益生产，以减少浪费、缩短交货期，其本质就是提高企业资源的经营效率。

企业创新要落到实处，就带来对组织变革的要求。企业的组织变革有五大方面：理念变革、技术变革、系统变革、结构变革和人员变革（见图2）。

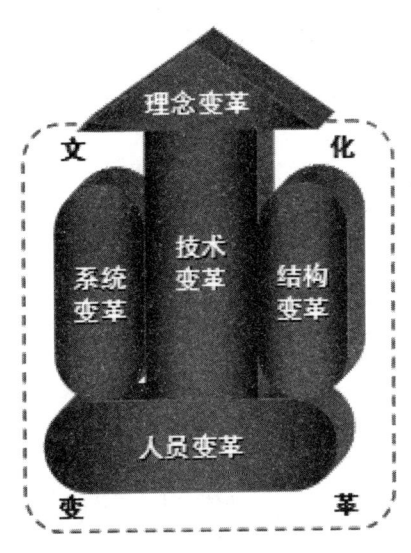

图2 组织变革的五大方面

务虚决定务实，思路决定出路。企业要转型升级，首先是经营理念要转型升级，理念变革是组织变革的先导，只有企业的价值观、经营理念跟上全球化时代的发展步伐，企业才能走在潮流之先、真正做到与时俱进。走出"生意人"的市侩，真正站在人类共同利益的高度看待企业经营，才能凭良心经营，把企业从做强发展到做久。

管理是渐进性的，技术才是突破性的。经营理念变了，技术变革要跟上，产品技术要创新，制造技术也要创新，这样才能从传统制造业迈上先进制造业。

技术变了，系统也要变。技术含量的大幅度提高，对企业在营销、研发、生产、财务和人力资源各个职能领域的要求将随之发生巨大变化，企业的运营系统务必适应技术变革的要求，进行相应的变革，确保一体化运营。

系统变了，组织结构也要变。2011年7月29日，富士康科技集团董事长郭台铭宣布富士康将大力推进机械化，三年内将生产用机器人由当前的1万台增加到100万台，以替代一线员工、减少用工数量，这就要求富士康在短时间内加强生产技术能力。

组织结构变了，对人员的规模、结构和能力的要求也随之发生变化。显然，富士康必须建立一支高能力的生产技术和设备维护队伍，才能满足自动化生产的需要。

系统和软件唱主角是现代企业运营的重要特征（见图3），不同的理念构建不同的系统，不同的系统设计不同的软件、选择不同的硬件，自然选择不同的人才、组建不同的团队。

全面、系统而彻底地组织变革，就是企业再造。

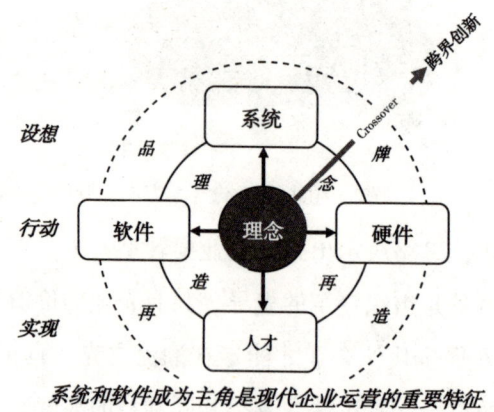

图3　企业再造全貌

企业再造主体上包括四个方面：模式再造、系统再造、团队再造，最终实现品牌再造（见图4）。

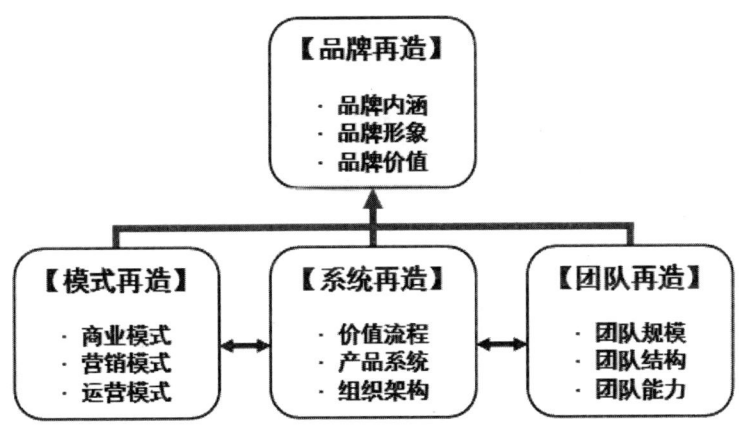

图4　企业再造的四大方面

模式再造包括商业模式再造、营销模式再造和运营模式再造。麦当劳从早期的西式快餐到转型商业地产，其客户群体就由普通消费者扩张到投资者，其营销模式和运营模式自然要发生变化，需要增加专门的部门进行项目策划、选址决策、构建单店复制模式、向新的目标客户——投资者进行项目营销。

系统再造包括价值流程再造、产品系统再造和组织架构再造。当商业模式发生变化，业务流程和承载价值的产品载体也随之变化，企业需要对新的价值链进行流程设计、构建新的产品系统，并使组织结构适应流程运营的需要。

团队再造包括团队结构再造、团队能力再造和团队规模再造。富士康大力推进生产自动化，人员规模将大幅度减小，一线员工占比下降、生产技术人员大量增加，对生产主管的能力要求就更高了——以前是管人为主，现在是管"机器人"为主。

从模式再造、系统再造到团队再造，最终体现在市场上，是企业的品牌再造，包括品牌内涵再造、品牌形象再造和品牌价值再造。三星的名称并没有变，但是其品牌形象已经经历了四代演变，"三星"和"SUMSUNG"带给客户的直觉印象已经不再是早期的小商小贩（商会），而是与苹果公司平起平坐的全球消费电子服务商，三星品牌也完全摆脱了早期韩国企业的小家子气，带给客户更高的形象价值。

后EMBA时代，中国企业和中国企业家显然不缺知识，而是缺乏在企业长期经营过程中不断突破发展瓶颈的组织变革能力！

有史为鉴。从企业创新到组织变革、从组织变革到企业再造，揭示了企业从做强到做久再到做大的基本路径，不经过卧薪尝胆的痛苦、不经过脱胎换骨的洗心革面，企业无从走得稳健、走得长远。中国企业在迈向世界级制造的过程中，需要的是不断创新、不断变革，从战略高度看待这一过程，从企业再造的高度对待这一过程。

在本书收稿之际，零牌顾问机构谨以产业研究学者的拳拳之心和报国之志，热切期待和广大中国企业和企业家深度互动，在"中国制造2025"的指引下，众志成城，开启中国制造进军世界级的新篇章。

祖 林 怀海涛
2018年12月于广州